예수님과 함께 비전공과

[2학기] 신약

예수님과 함께 비전공과 전학년(교사용)
[2학기 신약]

초판 1쇄 발행 | 2018. 6. 1
초판 1쇄 인쇄 | 2018. 6. 1
교재 기획 | 김선미
교재 집필위원 | 정신일 김선미 이지선 김선률
자문위원 | 천준호 정신일 김영수 김동진 표경운 송지헌 최만호
남선우 정풍군
펴낸 곳 | 크리스천리더
편 집 | 이지선
교 정 | 성주희
일부 총판 | 생명의 말씀사 (02) 3159-7979
등 록 | 제 2-2727호(1999. 9.30)
주 소 | 부천시 원미구 중동 1289번지 팰리스카운티 아이파크상가 3층
전 화 | (032) 342-1979
팩 스 | (032) 343-3567
도서 출간 상담 | E-mail:chmbit@hanmail.net
Homepage | cjesus.co.kr/juwana.co.kr

ISBN : 978-89-6594-248-1 04230
978-89-6594-226-9 (세트)

정가 : 5,500원

Leadership
& Partnership

테마1.
재미있는
성경이야기

1년 52주 테마별 어린이 공과

only Jesus

예수님과함께

비전공과

재미있게 배워요~^^

2학기
신약

전학년
(1~6학년)

교사용

크리스천리더

[비전공과] 이렇게 활용하세요!

[비전공과]는 매년 새로운 주제로 영.유치부, 전학년이 사용할 수 있는 통일된 어린이 공과 교재입니다. 다음세대에 예수님의 비전을 세우는 사명을 가지고 정성껏 준비하겠습니다.

첫번째 테마는 **[재미있는 성경이야기]** 입니다.
성경의 주요내용을 인물별, 사건별로 정리하여 아이들의 신앙생활에 기초가 되고 뿌리가 될 만한 이야기들로 구성하였습니다.
각 과마다 공과를 진행하시기 전에 숙지하셔야 할 부분들을 안내해드렸으니 미리 읽어보시고 체크하시면서 아이들과 함께 풍성한 나눔이 있는 공과를 진행하시길 소망합니다.

이 교재를 사용하신다면,
1. '공과'라는 도구를 통해 친구, 선생님과 친밀감을 느끼며 소통하는 시간이 될 것입니다.
매 과가 시작될 때 마다 <이야기 나누기> 통하여 한 주간만에 만난 친구들과 이야기를 나누며 안부를 묻고 소통할 수 있도록 이끌어주시고 이번 주 공과에 대한 기대감을 갖도록 지도해주세요.

2. 설교와 공과가 하나로 <말씀살피기>
<말씀살피기>는 매주 설교 말씀을 듣고 그 말씀의 내용을 더 깊이 묵상하고 배울 수 있도록 기획되었습니다. 반복 교육을 통해 아이들에게 잊혀지지 않는 말씀의 싹이 잘 자라도록 지도해주시길 바랍니다.

3. <으싸으싸~ 활동해요>
한 과를 미무리하면서 다양한 활동을 할 수 있도록 활동자료가 수록되어 있습니다.
만들고 색칠하고 생각하며 참여하면 어느새 어린 믿음이 쑥쑥 자랄 것입니다.

4. 다양한 자료는 크리스천리더(www.cjesus.co.kr) 홈페이지를 활용 하세요.

목 차

[2학기 신약 과정]

교재의 구성

이 교재는 공과를 배울 때 재미와 흥미를 줄 수 있도록 노력하였습니다.
또한 성경말씀을 알고 이해하는데 초점을 맞추었습니다.
하나의 주제 설교+공과+활동+나눔+믿음생활의 실천까지 배우고 행동할 수 있도록 집필하였습니다. 어린이 여러분, 재미있게 배우세요.

첫번째 테마

재미있는 성경이야기

성경의 내용을 알고 싶어요!

성경은 정말 흥미진진한 이야기가 가득하답니다.
이번 과정은 구약과 신약의 주요 사건들을 재미있게 배울 것입니다.

천지창조, 노아의 홍수사건, 모세의 출애굽사건, 다윗과 골리앗의 전쟁, 엘리야의 기적의 사건, 그리고 신약에 와서 예수님의 놀랍고 신기한 기적 이야기, 십자가와 부활 사건, 그리고 예수님의 제자들이 열심히 전도하여 교회를 세운 이야기 등.

이제, 성경에 있는 아주 중요한 사건들 차근차근 배워 나갈 거예요.

이 과정을 1년 동안 배우고 나면 성경에 대해서 많이 알게 될 것이고
하나님께서 우리들 얼마나 사랑하고 계신지, 또한 우리를 위한 아주 놀라운 구원의 계획이 성경에 담겨 있다는 것을 알게 될 거예요.
열심히 공부합시다!

{교재 한눈에 보기}

첫번째 페이지

제목 매주 몇 과인지, 제목이 무엇인지 확인할 수 있어요.
외울말씀 흰 박스 안에 매과마다 중요한 요절 말씀이 기록되어져 있습니다. 꼭 외웁시다.
이야기 나누기 한 주만에 만난 친구들과 질문에 서로 답하며 이야기 나눠요.
성경이야기 들려주세요 설교 말씀의 내용을 기억하며 답이나 장면을 순서대로 기록해보세요.

두번째 페이지

말씀살피기 오늘 설교 말씀을 잘 기억하고 열심히 성경공부를 해봅시다.

20과 다윗과 골리앗

1. 성경본문 | 사무엘상 17:1-58
2. 외울 말씀 | 다윗이 블레셋 사람에게 이르되 너는 칼과 창과 단창으로 내게 나아 오거니와 나는 만군의 여호와의 이름 곧 네가 모욕하는 이스라엘 군대의 하나님의 이름으로 네게 나아가노라(사무엘상 17장 45절)
3. 리더들의 외침 | 하나님의 전신갑주를 입고 두려움을 물리치자
4. 설교 주제
   1. 하나님 이름으로 두려움을 극복하는 어린이가 되어요.
   2. 하나님의 전신갑주를 입는 어린이가 되어요.(에베소서 6:13-18).

1. 이야기 나누기
하나님께 도와달라고 기도했던 적 있습니까? 서로 이야기 해봅시다.

2. 성경이야기 들려주세요
아래 장면을 성경 이야기 들은 내용의 순서에 맞게 번호를 매겨 봅시다.

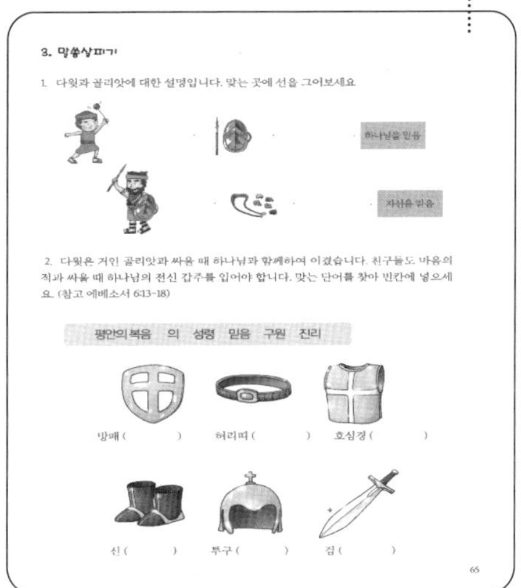

3. 말씀살피기

1. 다윗과 골리앗에 대한 설명입니다. 맞는 곳에 선을 그어보세요

2. 다윗은 거인 골리앗과 싸울 때 하나님과 함께하여 이겼습니다. 친구들도 마음의 적과 싸울 때 하나님의 전신 갑주를 입어야 합니다. 맞는 단어를 찾아 빈칸에 넣으세요. (참고 에베소서 6:13-18)

평안의복음 의 성령 믿음 구원 진리

방패 ( ) 허리띠 ( ) 호심경 ( )
신 ( ) 투구 ( ) 검 ( )

65

[나는 이렇게 노력하겠어.]

우리는 늘 하나님의 전신갑주를 입고 사단 마귀를 대적하는 어린이 들이 되어야 합니다. 하나님의 좋은 영적 군사로 나는 어떤 노력을 기울이기 원하나요? 네모박스에 어떻게 노력할지를 기록해봅시다.

집에서

학교에서
방 패 ( ) 흉 배 ( )
검 ( )

교회나오지 않는 친구들과

세번 째 페이지

으쌰으쌰~ 활동해요
한 과를 마무리하면서 다양한 활동자료가 수록되어 있습니다. 만들고, 색칠하고, 쓰고, 생각하며 참여하면 어느새 어린 믿음이 쑥쑥 자랄 것입니다.

27과 우리의 구원자 예수님의 탄생

1. **성경본문** | 누가복음 1:26-2:20, 마태복음 1:18-2:11

2. **외울 말씀** | 아들을 낳으리니 이름을 예수라 하라 이는 그가 자기 백성을 그들의 죄에서 구원할 자이심이라 하니라 (마태복음 1장 21절)

3. **리더들의 외침** | 우리의 구원자로 이 땅에 오신 예수님!

4. **공과 주제** |
   1. 천사가 예수님의 탄생을 전했어요.
   2. 예수님은 성령으로 잉태되었어요.
   3. 우리의 구원자 예수님은 우리와 늘 함께 하시는 임마누엘이에요.

[공과 짜임새]

구분	시간	교사지침	준비물
1. 이야기 나누기	10분	나의 탄생일화에 대해 나누기	성경책 필기도구 크레파스 색연필
2. 성경이야기 들려주세요	10분	우리의 구원자로 이 땅에 오신 예수님에 대해 알기	
3. 말씀살피기	10분	예수님은 어떤 분이신지 배우기	
4. 활동하기	10분	색칠하기	

[이렇게 시작하세요]

아이들은 어떤 이야기를 들었을 때 기뻐할까요?
아마도 아이들 각자의 생각과 특징, 또한 여러가지 상황에 따라 다양한 의견이 나올 것입니다.
그런데 우리에게 기쁨이 되는 좋은 소식이 있습니다. 그 소식은 우리의 상황이나 어떠함에 상관없이 모두에게 해당되는 것이지요. 바로 복음입니다. 복음은 예수님 그 자체이십니다.
오늘 공과를 통해 예수님은 죽을 수 밖에 없었던 우리의 죄를 위해 이 땅에 오셨고, 우리의 구원자 되신다는 사실을 아이들에게 알려주세요.
예수님의 탄생은 기쁨의 좋은 소식입니다(눅2:10-11).
너무나 당연하지만 중요한 이 사실을 우리 아이들이 믿음으로 받아들이고 마음을 다해 기뻐할 수 있도록 기도로 준비해 주시기 바랍니다.
예수님의 탄생은 바로 인류구원의 사역을 성취하러 오신 기쁜 날임을 잘 깨달을 수 있도록 지도해 주세요.

1. 이야기 나누기

내가 태어났을 때 어떤 일들이 있었고 부모님은 어떤 생각이 드셨었는지 내가 태어났을 때의 일들을 아는대로 나눠봅시다.

가이드)

새 생명의 탄생은 고귀하고 기쁜 일입니다. 우리 아이들 한 사람, 한 사람이 그렇게 축하와 축복 속에서 태어난 것이지요. 아이들은 자신의 탄생에 대해 잘 알지는 못하겠지만 태어났을 때 몸무게라던가, 짧은 에피소드, 부모님이 느꼈던 감정에 대해서는 부모님께 들어본 적이 있을 것입니다. 아이들이 부담없이 아는대로 자유롭게 나눠볼 수 있도록 진행해주세요.
이 나눔을 통하여 우리 각 사람이 모두 소중하고 귀한 존재임을 설명해주시고 우리의 탄생이 축복받을 일이였던 것처럼 우리를 위해 이 땅에 오신 예수님의 탄생이 얼마나 귀하고 기뻐할 만한 일인지 간단히 설명하고 말씀을 들어가시면 좋겠습니다.

2. 성경이야기 들려주세요

어느 마을에 마리아라는 여인이 있었는데 하나님께서는 마리아에게 '성령'으로 아이를 갖게 하셨어요. 하나님께서는 마리아에게 '가브리엘'이라는 천사를 보내셨고 가브리엘 천사는 이렇게 말했습니다. "은혜를 받은 자여 평안할 지어다 주께서 너와 함께 하시도다(눅1:28). 보라 네가 잉태하여 아들을 낳으리니 그 이름을 예수라 하라(눅1:31)" 하지만 마리아는 그 말을 모두 이해할 수 없었어요. 그러자 천사는 성령이 너에게 임하시고 지극히 높으신 이의 능력이 너를 덮을 것이며 태어날 거룩한 이는 하나님의 아들이라 불릴 것이라고 말했습니다. 한편, 마리아의 친척 엘리사벳도 나이가 들어서 임신을 했는데 엘리사벳도 천사의 예언대로 '요한'이라는 아들을 낳을 것이며 그는 마리아가 낳을 예수가 태어나기 전에 그의 길을 예비할 자였어요.

그렇다면 마리아의 남편 요셉은 어땠을까요? 그는 처음에는 마리아가 성령으로 아이를 갖게 된 것을 알고 이상하게 여겨 마리아를 떠나려고 했어요. 그런데 요셉의 꿈에 주의 사자가 나타나 "다윗의 자손 요셉아 네 아내 마리아 데려오기를 무서워하지 말라 그에게 잉태된 자는 성령으로 된 것이라 아들을 낳으리니 이름을 예수라 하라 이는 그가 자기 백성을 그들의 죄에서 구원할 자이심이라"고 하며 이 모든 일은 주께서 이루시려는 것이라고 하였어요.

"보라 처녀가 잉태하여 아들을 낳을 것이요 그의 이름은 임마누엘이라 하리라 하셨으니 이를 번역한즉 하나님이 우리와 함께 계시다 함이라"

이 말씀은 구약성경에 나오는 구약시대 선지자 이사야의 예언이었어요(사7:14). 그 예언이 정말 이루어지게 된 거예요. 예수님은 그의 어머니 마리아에게서 성령으로 잉태되어 유대 베들레헴에서 태어나셨어요. 그리고 그 탄생을 기뻐하는 사람들이 또 있었는데 그들은 동방박사들이었어요. 그러자 왕은 물론 온 예루살렘이 듣고 소동했어요. 한편 박사들은 동방에서 보던 별이 앞서 인도하여 가다가 아기가 있는 곳 위에 멈춰 서있는 것을 보았어요. 그래서 그들은 그 별을 보고 매우 기뻐하며 그 집에 들어가 아기께 경배하고 보배합을 열어 황금, 유향, 몰약을 예물로 드렸어요. 그 아기는 바로 성령으로 잉태된 예수님이었으며 그는 우리를 죄에서 건져주실 구원자이자, 우리와 함께 계시는 임마누엘이에요. 예수님의 탄생은 매우 기쁜 소식입니다(눅2:10-11).

[확인하기]

아래 장면을 성경 이야기 들은 내용의 순서에 맞게 번호를 매겨 봅시다.

3. 말씀 살피기

1. 하나님께서는 천사를 통해 아기 예수의 탄생을 알리셨어요. 만약 하나님께서 천사를 내게 보내신다면 천사로부터 어떤 소식을 듣고 싶은지 적어봅시다.

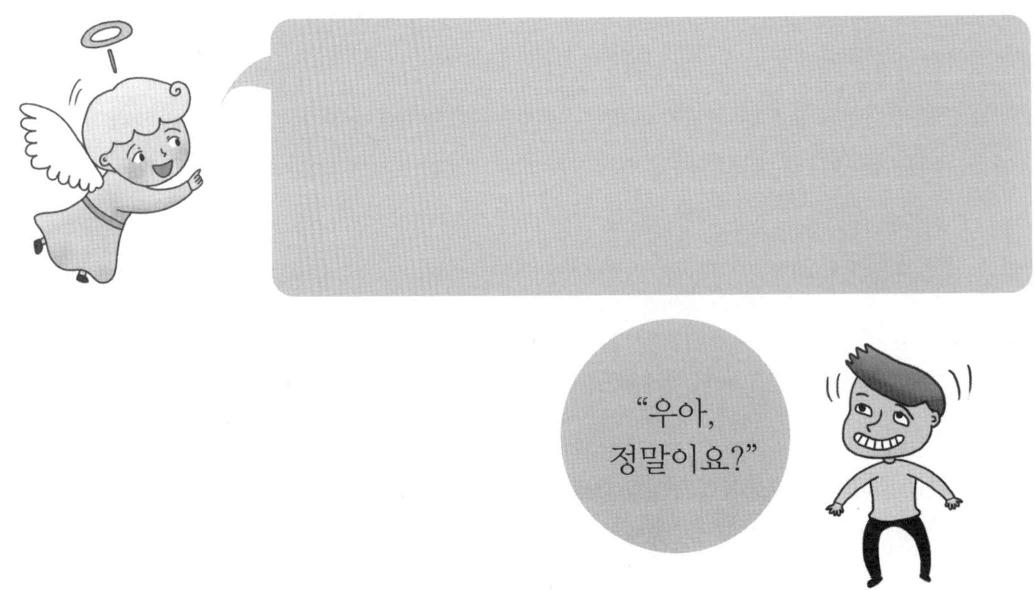

2. 괄호에 들어갈 말씀의 순서대로 맞게 된것은 몇번일까요?
모르면 성경을 찾아보도록 합시다.

보라 네가 잉태하여 아들을 낳으리니 그 이름을 ( )라 하라(누가복음 1:31)

보라 처녀가 잉태하여 아들을 낳을 것이요 그의 이름은 ( )이라 하리라 하셨으니 이를 번역한즉 ( )이 ( )와 함께 계시다 함이라(마태복음 1:23)

① 예수-임마누엘-하나님-우리 ② 요셉-예수-하나님-우리
③ 요셉-그리스도-하나님-우리 ④ 예수-예수-하나님-우리

[말씀 살피기 가이드]

[1번 문제] 하나님은 주로 주의 사자 천사를 통하여 중대한 소식을 알리셨습니다.
천사를 통해 기쁜 소식을 알리는 것을 수태고지(Annunciation 受胎告知)라 합니다.
마리아, 엘리사벳, 요셉은 물론 우리의 구주 예수그리스도의 탄생을 목자들에게 알리시기 위해 천사가 나타나 그 사실을 전했습니다(눅2:8-11). 하나님께서는 많은 부분을 천사를 통하여 알리셨는데, 그런 특별한 사건이 만약 이 시대 우리 아이들에게 일어난다면 얼마나 기쁠까요? 그런 일들이 우리 어린이들에게도 일어난다면 어떤 메시지를 받고 싶은지 써보도록 하고 서로 발표하며 아이들의 생각을 들어보시기 바랍니다.

[2번 문제] 성경을 찾아보고 빈칸을 채우는 문제입니다. 스스로 성경을 찾아가며 그 구절의 말씀을 다 읽고 빈칸을 채우도록 합니다. 문제는 비교적 쉬울 수 있으나, 내용은 정말 중요하기 때문에 단지 빈칸만 채우고 끝나는 것이 아니라, 예수님에 대해서 성경은 어떻게 예언을 했는지 가슴에 새기는 시간이 되어야 합니다. 미리 말씀의 구절과 내용을 파악하여 지도해주세요.

[참고자료]

우리와 함께 하시는 하나님 '임마누엘'

'임마누엘'은 '하나님이(엘) 우리와(마누) 함께하심(임)'이라는 히브리 문장으로(사 7:14; 마 1:23) 처녀가 아들을 낳을것이라는 이사야 선지자의 예언이었는데, 마태는 마태복음에서 이 '임마누엘'이 메시야로 오신 예수에 의해 성취되었음을 설명하고 있습니다(마 1:23).

예수님의 출생지 '베들레헴'

예수께서는 베들레헴에서 나셨습니다. 베들레헴은 '떡의 집'이라는 뜻인데, 생명의 양식, 곧 하늘로부터 내려온 떡이신 분이 태어나시기에 적합한 땅이었습니다. 베들레헴은 다윗의 자손인 예수께서 태어나셔야 할 곳이었습니다. 동정녀 마리아가 임신하여 해산 때가 가까워지자 하나님의 섭리하심에 의하여 로마제국의 모든 속민들은 제국의 명령에 따라 호적하게 되었습니다.
백성들은 세대별로 등록하고 기록해야 했는데, 이는 가이사 아구스도가 자기 백성들의 수를 알고, 그것을 세상에 공포함으로써 자신의 통치가 더욱 막강해 보이도록 하기 위함이었습니다.
이 일로 요셉과 마리아도 갈릴리의 나사렛에서 유대의 베들레헴으로 가야 했습니다. 그들은 다윗의 집 족속이었기 때문입니다(눅2:4-5). 따라서 이 일은 하나님의 여러 가지 목적들에 일치하게 되었습니다. 여기에는 우리가 분명히 알아야 할 하나님의 섭리가 담겨 있습니다. 동정녀 마리아는 이미 잉태하여 베들레헴으로 가서 예언에 따라 거기서 해산하게 되었습니다. 또한, 예수 그리스도가 다윗의 자손에게서 났다는 것이 분명해졌습니다. 예수 그리스도의 어머니가 베들레헴으로 가게 된 것은 그녀가 다윗 집 족속이라는 분명한 사실을 증명하기 때문입니다.

{으쌰으쌰~활동해요}

오늘 말씀을 기억하며 여러가지 색칠도구를 이용하여 그림을 색칠해보도록 합시다.
아이들이 색칠할 때 색칠하는 그림의 장면이 어떤 이야기인지 설명해주시면 좋습니다.

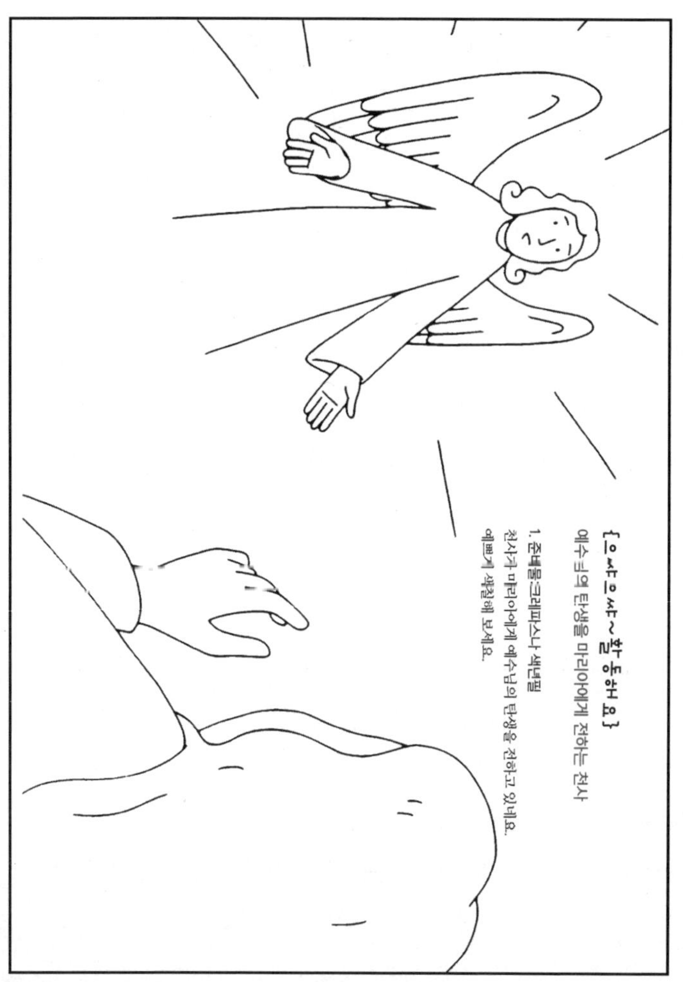

28과 마귀의 시험을 이기신 예수님

1. **성경본문** | 누가복음 3:21-22, 4:1-13

2. **외울 말씀** | 예수께서 대답하여 이르시되 기록된 바 주 너의 하나님께 경배하고 다만 그를 섬기라 하였느니라 (누가복음 4장 8절)

3. **리더들의 외침** | 성령 충만함을 입음으로 승리하는 하나님의 자녀가 되자!

4. **공과 주제** |
   1. 마귀 앞에서의 예수님의 모습을 본받아요.
   2. 성령 충만함을 입어 승리하는 어린이가 되어요..

[공과 짜임새]

구분	시간	교사지침	준비물
1. 이야기 나누기	10분	내가 견디기 어려운 유혹 나누기	
2. 성경이야기 들려주세요	10분	예수님이 마귀에게 시험받으신 이야기 살펴보기	성경책
3. 말씀살피기	10분	예수님이 마귀에게 유혹받으셨던 모습을 살펴보며 시험에서 이기신 예수님의 모습 본받기	필기도구
4. 활동하기	10분	틀린그림찾기	

[이렇게 시작하세요]

유혹이란 무엇일까? 유혹을 사전에서 찾아보면, '꾀어서 정신을 혼미하게 하거나 좋지 아니한 길로 이끎'이라고 나와 있습니다. 오늘 말씀 본문의 예수님에게도 마귀의 유혹이 찾아왔었죠. 한 번도 아닌 세 번씩이나 마귀가 예수님을 유혹했습니다. 그런데 예수님은 유혹에 조금도 흔들림이 없으셨습니다. 어떻게 이겨낼 수 있으셨을까요? 사실, 예수님의 사단의 시험은 적극적 시험이라 볼 수 있습니다. 성령님에게 이끌리어, 시험받으러 가셨다고 성경은 기록하고 있기 때문입니다.
그래서 엄밀히 말해 예수님은 사단에게 시험을 당하신 것이 아닙니다. 예수님은 하나님이시지만, 육신의 연약함은 예수님 조차도 훈련이 필요하셨습니다.
그래서 성령님의 도우심으로 예수님은 사단의 시험을 물리치시고, 구속사역을 감당하실 수 있으셨습니다. 신앙생활을 할 때 크고 작은 유혹은 선생님이나 아이들에게도 찾아올 수 있습니다. 그 유혹을 이길수 있는 방법은 예수님처럼 늘 성령님의 이끄심을 경험하며 사는 길입니다.
아이들이라고 다르지 않습니다. 이 시간을 통하여 예수님이 다가오는 유혹에 대하여 어떻게 행동하셨는지를 배워보고 실천함으로 예수님의 모습을 본받는 아이들이 될 수 있을 것입니다.

1. 이야기 나누기

나에게 있어서 견디기 어려운 유혹은 무엇이고 그 유혹을 견디지 못하는 이유는 무엇인지 생각해보고 나눠봅시다.

가이드)

우리에게는 언제나 유혹이 찾아옵니다. 그런데 그 중에는 유혹에 넘어가 넘어지고 후회하는 유혹이 있지요. 그것은 사람마다 모두 다를 것입니다. 그리고 이것을 반대로 말하면 내가 이기지 못하는 그 유혹이 나에게 있어 가장 약하고 부족한 부분이라고 할 수 있지요.
유혹은 누구나 쉽지 않은 것입니다. 그리고 매번 유혹을 뿌리칠 수 있다고 단언할 수도 없습니다. 아이들에게 유혹은 여러가지가 있겠지만 크게는 티비, 스마트폰, 기타 게임기기 같은 것이거나 물건을 계속해서 사려고 하거나 거짓말을 하려고 하는 정서적인 부분도 있을 것입니다. 그외에도 우리가 생각하지 못한 부분의 유혹이 있을 수 있으니 아이들 스스로 생각하고 판단한 이유를 들으신 후에 스스로 생각하고 고민한 것에 대해 칭찬해주시고 격려해주시면서 유혹을 이길 수 있는 방법은 우리의 힘이 아닌 오직 예수님을 의지하는 것임을 알려주시고 함께 기도해주시길 바랍니다.

2. 성경이야기 들려주세요

예수님께서 요단강에서 세례를 받으실 때, 하늘이 열리고 예수님의 위에 성령이 강림하시더니 하늘로부터 어떤 소리가 났어요. "너는 내 사랑하는 아들이라 내가 너를 기뻐하노라"

하나님의 음성이였어요. 그래서 예수님은 성령의 충만함을 입고 광야로 가셨어요.

예수님은 그곳에서 시험을 받으셨는데, 바로 마귀의 유혹이었어요. 끈질긴 마귀는 세 번씩이나 예수님을 유혹했어요. 첫 번째 유혹은, "이 돌들로 떡이 되게 해봐!" 였어요. 그러자 예수님은 흔들리지 않고 "기록에 보면 사람이 떡으로만 살 것이 아니니라"고 하셨어요.

두 번째 유혹은 높은 곳에 올라가 마귀가 말한 이것이었어요. "이것은 내게 넘겨 준 것이니까 내가 원하는 자에게 줄 수 있어. 이 모든 권위와 그 영광을 너에게 줄게. 네가 만일 나에게 절하면 다 네 것이 될 거야."

이번에도 역시 예수님은 망설임 없이 대답하셨어요. "기록에 보면, 주 너의 하나님께 경배하고 다만 그를 섬기라 하였다"

세 번째 유혹은, 예루살렘 성전 꼭대기에서 "네가 만일 하나님의 아들이라면 여기서 뛰어내려봐! 기록된 것을 보면, 하나님이 너를 위해 사자가 너를 지키도록 하시리라 하였고 또한 그들이 손으로 너를 받들어 네 발이 돌에 부딪치지 않게 하시리라 하였다."

이번에는 마귀도 예수님이 말씀하신 것처럼 성경에 기록된 것을 가지고 예수님을 유혹하려고 했어요. 예수님은 마귀의 그럴듯한 말에도 흔들리지 않으시고 이렇게 말씀하셨어요.

"주 너의 하나님을 시험하지 말라 하였다"

예수님이 이 말을 마치시자, 마귀는 떠나갔어요. 예수님은 성령 충만함으로 마귀의 유혹을 모두 이기셨어요.

[확인하기]

아래 장면을 성경 이야기 들은 내용의 순서에 맞게 번호를 매겨 봅시다.

3. 말씀살피기

1. 주일 예배시간에 예수님을 믿지 않는 친구가 전화해서 다음과 같이 말할 때 나는 어떤 대답을 해줄지 기록해봅시다.

친구의 말	나의 대답
"놀러가자"	미안해, 친구야. 나는 지금 예배를 드리고 있어.
"함께 숙제하자"	예배시간이 끝난 후에 함께 숙제하자.
"게임하자"	우리 함께 내일 만나서 게임을 하는 건 어떨까?

2. 다음은 마귀의 세 번의 유혹에 대적하여 예수님께서 하신 말씀입니다. 빈칸에 들어갈 알맞은 단어를 채워보세요.

첫 번째 유혹

기록 된 바 사람이 [떡] 으로만 살 것이 아니라 하였느니라 (눅4:4)

두 번째 유혹

주 너의 [하] [나] [님] 께 경배하고 다만 그를 섬기라 하였느니라 (눅4:8)

세 번째유혹

주 너의 하나님을 [시] [험] 하지 말라 하였느니라 (눅4:12)

[말씀살피기 가이드]

[1번 문제] 를 통해 아이들도 다양한 유혹을 받을 수 있지만, 중요한 것은 그 유혹을 극복하는 노력이 중요하다는 것을 알려주세요. 예수님께서 사단의 세 가지 시험을 물리치시는 것은 유혹을 물리칠 중요한 교훈이 됩니다. 예수님께서 어떻게 시험을 극복하셨는지 설명하면서 다양한 유혹이 몰려올 때 예수님처럼 이겨낼 수 있도록 지도해주세요.
예수님은 사단의 시험을 어떻게 극복하셨나요?
먼저, 성령님을 의지하셨습니다. 이것이 아이들에게 어려울 수 있으니, 유혹이 올 때마다 유혹을 이길 수 있도록 하나님께 기도할 것을 가르쳐주세요. 귀신을 쫓아내지 못해 쩔쩔매는 제자들에게 예수님은 사단을 이길 능력은 오직 기도에서 난다고 말씀하셨습니다(막9:29).
두번째, 말씀을 묵상하고 믿는 것입니다. 말씀은 사단을 이길 강력한 무기입니다. 예수님도 하나님의 기록된 말씀으로 사단을 물리치셨습니다. 자신이 할 수 없는 것에 대한 유혹은 이겨내기 쉽습니다. 어차피 할 수 없는 일에는 유혹이 와도 의미가 없으니 말입니다. 그러나 충분히 할 수 있는 능력이 있는 경우라면 이야기가 달라집니다. 즉 유혹이 왔을 때, 자신에게 무엇이든지 가능한 능력이 있다면 당장이라도 하고 싶은 일을 할 수 있기 때문입니다.
예수님께서는 마귀가 제시한 것들 모두 실현하실 수 있는 능력이 있으셨습니다. 그렇지만 예수님은 그 유혹에 동참할 이유가 전혀 없으셨습니다. 또한, 예수님은 성령의 사람이었기에 충분히 마귀의 유혹을 물리치실 수 있었습니다. 이러한 예수님의 모습을 본받아 우리도 예수님처럼 마귀의 유혹을 물리칠 수 있는 힘을 얻을 수 있습니다. 그러기 위해서는 늘 성경을 읽고, 하나님의 말씀을 마음에 새기며 성령 충만함을 입기 위해 기도하는 하나님의 자녀가 되어야 합니다. 성령 충만함을 입은 어린이가 되기 위해서 실천해야 할 것은 '성경읽기와 기도하기'라는 것을 아이들에게 전해주세요.
[2번 문제] 말씀시간부터 공과시간까지 계속 강조하여 전한 부분이니 누가복음 4장 4, 8, 12절을 읽으며 스스로 정답을 채워 넣게 하고 그후에 본인의 답과 성경에서 찾은 답을 대조해보도록 합니다.

[참고자료]

말씀으로 유혹을 이기신 예수님

'기록된 바'(눅4:4,8) 는 구약에서 인용한 것입니다. 우리는 성경에서 권능을 얻어야 합니다. 예수님께서 또한 인용한 성경 본문은 신명기 8장 3절입니다. '사람이 떡으로만 사는 것이 아니요 여호와의 입에서 나오는 모든 말씀으로 사는 줄을 네가 알게 하려 하심이니라'. 그러므로 예수님께서는 돌을 떡이 되게 하실 필요가 없으셨습니다. 예수님의 인용을 보고 마귀 자신도 하나님의 말씀을 인용하려 들었습니다(눅4:10-11).

시험을 이기자

[유혹을 이기지 못한 가룟 유다, 고난을 극복한 욥]

가룟유다는 돈의 유혹 때문에 스승을 종교지도자들에게 팔아넘기는 죄를 범했습니다. 요한복음의 저자는 가룟유다를 '돈궤를 훔쳐간 도적'이라 표현하고 있습니다. 그만큼 물욕이 많았습니다. 예수님을 은 30에 팔아넘긴 가룟유다는 뼈저리게 후회하며 괴로워했지만, 회개하지 않고 스스로 괴로워하다 목메달아 자살함으로 생을 마치게 됩니다. 안타까운 일이 아닐 수 없습니다.

반면에, 우스 땅의 욥은 남부러울 것 없는 부자였고, 하나님을 잘 섬기는 의로운 자였습니다. 그런데 시기가 났던 사단은 욥을 시험하게 해달라고 하나님께 참소하였습니다. 결국 욥의 생명을 제외한 그의 행복, 가족, 모든 재산을 거두가 버리게 됩니다. 뿐만아니라 그의 몸은 병들어 기왓장으로 긁는 신세로 전락하게 되지만, 이런 불행가운데서도 욥은 하나님을 원망하지 아니하고 흔들리지 않았습니다.

욥기 1장 21~22절 말씀에 "이르되 내가 모태에서 알몸으로 나왔사온즉 또한 알몸이 그리로 돌아가올지라 주신 이도 여호와시요 거두신 이도 여호와시오니 여호와의 이름이 찬송을 받으실지니이다.." 하면서 오히려 하나님을 찬양합니다. 시험 극복의 지혜는 오직 하나님을 찬송하고, 기도하며 해결방법을 구하는 길입니다. 이후 욥은 더 큰 축복을 받게 됩니다. 아이들에게 가룟유다가 왜 무너졌는지, 욥이 어떻게 잘 극복했는지 설명해주면서 시험에 이길수 있는 어린이가되도록 지도해 주세요.

{으쌰으쌰~활동해요}

친구들과 재미있게 틀린그림찾기를 해보도록 합시다.

29과 예수님께서 천국 복음을 전파하셨어요

1. **성경본문** | 마태복음 4:12-22

2. **외울 말씀** | 이 때부터 예수께서 비로소 전파하여 이르시되 회개하라 천국이 가까이 왔느니라 하시더라 (마태복음 4장 17절)

3. **리더들의 외침** | 하나님 나라를 전파하는 어린이가 되자!

4. **공과 주제** |
   1. 어두움을 비취는 빛이신 예수님을 알아가요.
   2. 예수님과 동행한 제자들처럼 예수님을 따라요.
   3. 복음을 전하는 하나님 나라의 어린이가 되어요!

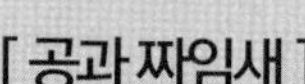

[공과 짜임새]

구분	시간	교사지침	준비물
1. 이야기 나누기	10분	내가 알고있는 복음에 대해 나누기	성경책 필기도구 가위 풀 실 마분지
2. 성경이야기 들려주세요	10분	예수님이 제자들과 무리들과 동행하며 하나님 나라를 전파하신 배경 전달하기	
3. 말씀살피기	10분	내게 가장 중요한 일 생각해보기	
4. 활동하기	10분	복음나팔 만들기	

[이렇게 시작하세요]

어느 날 갑자기 예수님께서 찾아오셔서 함께 가자고 하신다면 어떻게 할까요? 마음의 준비가 필요할 수도 있고 갑작스러워서 고민이 될 수도 있겠지요. 그런데 오늘 성경 본문의 제자들은 갑작스럽게 찾아오신 예수님의 '함께가자' 라는 말에 망설임 없이 따랐습니다. 예수님의 제자들처럼 말씀에 순종하는 어린이가 되도록 지도해주세요.
제자들은 예수님께서 회당에서 가르치시고 병든 자들, 약한 자들, 앓는 자들을 고치시는 동안 예수님의 옆을 지키며 함께 천국 복음을 전파했습니다.
이와 마찬가지로 우리도 예수님과 동행해야 합니다. 비록 제자들처럼 예수님과 직접 함께 다닐 수는 없겠지만 아이들의 마음 속에, 우리 옆에 늘 함께 하신다는 것을 기억하도록 인도해주세요.
또한 예수님 말씀에 순종하는 어린이가 되도록 이끌어주세요. 예수님의 가르침은 성경에 기록되어 있습니다.

1. 이야기 나누기

내 주변에 아직 '복음'을 듣지 못한 사람이 있나요? 있다면 누구인지 이야기 해보고 그 사람을 위해 우리가 알고 있는 복음에 대해 이야기 해보세요.

가이드)

우리 주변에는 아직도 예수님을 알지 못하는 사람들이 많습니다. 특히 내 곁에 있는 친한 친구, 동생, 혹은 부모님이나 친척들도 복음을 전해야 할 대상이 될 수 있지요. 먼저는 아이들이 전도하고 싶은 사람에 대해 떠올려보도록 인도해주시면서 그 사람을 전도하고 싶은 이유는 무엇인지 물어보세요. 대부분 우리 아이들의 대답은 그 사람을 아끼고 사랑하는 마음 때문에 복음을 전하고 싶을 것입니다. 그 후에 그 사람을 위해 사신이 알고 있는 복음에 대해 설명해보는데, 여기서 아이들의 이야기를 먼저 들으신 후, 부족한 부분을 설명해주시고 첨부해주시면 좋습니다.
복음의 핵심은 예수님이십니다. 하나님께서 우리를 구원하시기 위해 독생자 예수님을 보내주셨습니다. 예수님은 나를 위해 죽으시고 부활하셨습니다. 우리가 그분을 온전히 믿는다면 구원받고 영생을 얻을 수 있습니다. 아이들이 마음으로 믿고 입술로 시인하는 믿음의 사람이 될 수 있도록 함께 기도로 중보해주시길 바랍니다.

2. 성경이야기 들려주세요

예수님은 빛으로 오셨어요. 예수님이 오시기 전에는 백성들이 흑암 속에 있었는데, 예수님이 오심으로 빛으로 인해 어두움이 물러갔어요. 예수님이 오시기 전부터 이 빛에 대해 선지자 이사야가 예언을 했었는데, 예수님이 빛으로 오심으로 그 예언이 성취되었어요. 그리고 예수님은 선포하셨어요. "회개하라 천국이 가까웠느니라"

천국이 가까워지기 전에 우리는 하나님을 믿지 않는 사람들에게 하나님을 전파해야 해요. 그래서 예수님도 이 일을 적극적으로 선포하셨어요. 한편, 예수님과 동행한 이들이 있었는데, 바로 예수님의 제자들과 예수님이 행하신 일을 직접 보았던 수많은 무리들이었어요.

예수님은 갈릴리 해변을 다니시다가 그물을 던지는 어떤 형제들을 보셨습니다. 그들은 어부 베드로와 안드레 형제였지요. 예수님께서 그들에게 사람을 낚는 어부가 되게 하신다는 말씀과 함께 함께 가자는 제안을 하셨는데, 그들은 바로 그물을 던져두고 예수님을 따랐습니다. 그 다음에 만난 두 형제 야고보와 요한도 마찬가지였어요. 그들도 예수님을 흔쾌히 따랐어요. 그리고 예수님은 그들과 함께 다니시면서 회당에서 가르치기도 하시고, 병든 자들과 약한 자들을 고치시고, 많은 사람들에게 기적을 행하셨어요. 그러자 더 많은 무리들이 예수님을 따랐고 예수님은 더욱 많은 사람들에게 천국 복음을 전하셨어요.

예수님이 행하신 일에 대해 소문이 나서 사람들이 모든 앓는 자, 각종 병에 걸려서 고통당하는 자, 귀신 들린 자, 간질 하는 자, 중풍병자들을 예수님 앞으로 데려왔습니다. 예수님은 약한 자들을 모두 고쳐주셨지요. 그 일로 갈릴리와 데가볼리, 예루살렘과 유대와 요단 강 건너편에서 수많은 무리가 예수님을 따랐습니다.

우리도 제자들과 무리들처럼 예수님과 동행하며 천국 복음을 전파해야 해요. 복음이란 '좋은 소식'이라는 뜻이에요. 하나님 나라의 좋은 소식을 전하는 우리 친구들이 되어요.

[확인하기]

아래 장면을 성경 이야기 들은 내용의 순서에 맞게 번호를 매겨 봅시다.

3. 말씀살피기

1. 직업이 '어부'인 예수님의 제자들은 중요한 그물을 버려두고 예수님을 따랐어요. 내게 가장 중요한 일 세가지를 적어보고 아래 다짐에 사인해 봅시다.

내게 가장 중요한것 세가지

첫번째, --

두번째, --

세번째, --

" 하지만 가장 귀한 예수님을 제일 먼저 따르겠습니다."

서약자 사인

2. 오늘의 말씀 본문에 예수님의 제자들이 나옵니다. 제자들의 이름을 올바르게 넣어 보세요(마4:18,21).

베	**드**	로

야	고	**보**

요	한

안	드	레

[말씀살피기 가이드]

[1번 문제] 누구에게나 가장 아끼는 물건이 있고 가장 사랑하는 사람이 있습니다. 가장 소중한 것은 남을 주거나 버릴 수 없겠지요. 아이들에게 가장 아끼는 물건 혹은 사랑하고 존경하는 사람을 물어보세요. 그 후에 예수님은 세상의 무엇보다도 우리의 삶에 1순위가 되어야 한다는 사실을 알려주시길 바랍니다.

예수님이 오시기 전에 예수님을 알지 못했던 자들, 병든 자들, 앓는 자들은 과연 어떻게 살아갔을까? 그리스도가 없는 자들은 어둠 속에 있는 것과 마찬가지입니다. 곧 그들이 어둠 자체입니다. 그런데 그런 어둠을 밝히는 빛이 세상으로 오셨습니다. 바로 예수 그리스도입니다. 그리고 예수님이 오심으로 선지자 이사야의 예언이 성취되었습니다(사 9:2).

예수님이 오심으로 인해 예수님께서 행하신 기적들을 보았고 직접 고침을 받았던 수많은 무리들이 예수님을 따랐습니다. 예수님이 오심으로 다른 삶을 살게 되었을 것입니다.

그들에게 예수님은 어떻게 보였을까요? 어떤 존재로 다가왔을까요?

예수님은 "회개하라 천국이 가까웠느니라"고 선포하시며 나를 따라오라고 말씀하십니다. 이 말씀은 이제까지의 어둠에서 돌이켜 오직 빛 가운데로 오라는 말씀입니다. 예수님은 하나님 나라를 전파하는 데에 온 힘을 다하셨습니다. 예수님의 제자 베드로와 안드레 형제, 야고보와 요한 형제들은 각자 자신에게 중요한 그물과 배를 버려두고 예수님을 따릅니다. 그들에게 있어서 그물과 배는 가장 아끼고 소중한 일 순위 물건이었을 것입니다. 그들은 세례요한의 제자들이었기에 흔쾌히 예수님을 따랐을지 모르지만, 그냥 따르는 것과 자신에게 중요한 것을 버려두고 따르는 것은 다릅니다. 제자들은 예수님을 따르는 십자가의 삶을 선택했으며, 그것이 무엇보다 중요한 것임을 알고 있었을 것입니다. 고기를 잡는 그물은 버려두었지만, 사람을 낚는 어부가 되게 하신다는 예수님의 말씀이 현실로 이루어짐을 볼 때, 예수님을 따르는 삶이야말로 하나님 나라에 들어가는 길입니다. 가장 소중한 것은 우리의 믿음이며, 그것은 어떤 것으로도 바꾸거나 변질되어서는 안 된다는 사실도 알려주세요.

[2번 문제] 오늘 말씀에서 예수님의 제자들에 대해 많이 이야기를 하였기 때문에 이름을 잘 알도록 합니다. 스스로 해보는 시간을 준 후, 모르는 부분은 성경 본문을 참고합니다.

[참고자료]

제자를 부르시고 사명을 주신 예수님

예수님은 하늘과 땅의 모든 권세를 가지신 분이십니다. 여기서 '권세'라는 단어는 '여수시아'로 절대적인 신적 능력을 말합니다. 예수님은 12명의 제자들을 세우시고 그들에게 3년 동안 몸소 가르치시며 할 일을 명하셨습니다. 예수님께서 제자들에게 주신 사명은 첫째, 모든 민족으로 제자를 삼으라고 하셨습니다. 둘째, 아버지와 아들과 성령의 이름으로 세례를 베풀라고 하셨습니다. 세례를 베푸는 것은 곧 예수님을 믿고 받아들이도록 행하라는 것입니다. 실제로 예수님께서 승천하신 이후 베드로와 제자들은 복음을 전하며 주님이 약속하신 교회를 세웠습니다. 그리고 예수님을 믿겠다고 결신하는 자들에게 세례를 베풀었습니다. 셋째, 분부한 모든 것을 가르쳐 지키라고 명하셨습니다.

이런 예수님의 제자의 사명은 오늘날에도 동일합니다. 우리는 예수님의 제자이기에 이런 사명을 감당해야 합니다. 또한 기억해야 할 것은 예수님의 제자가 된다는 것은 제자로서 배우는 것으로 끝나는 것이 아니라 또 다른 제자를 삼아 예수님을 믿게 하는 사명을 갖는 것입니다.

복음이란 무엇인가?

복음은 '좋은 소식', '기쁜 소식'(good news)이란 뜻으로 헬라 시대에는 전쟁의 승전보, 자녀 탄생 소식 및 일반적으로 매우 기쁜 소식 등을 가리키는 말이었습니다.

이것이 성경에서 차용되어 하나님께서 인간 구원을 위해서 예수 그리스도를 통해 주신 기쁨의 소식, 곧 복된 소식을 가리키는 말이 되었습니다. 이 복음은 예수 그리스도에 관한 하나님의 약속(롬 1:2)이고, 하나님의 구원하시는 능력(롬 1:16-17)이며 새 언약(렘 31:31-34; 히 10:9)으로서, 복음의 내용은 그리스도의 십자가 죽음으로 말미암은 죄사함의 은총과 부활로 말미암은 영생의 복락을 의미합니다(요 3:16; 14:16; 롬 3:25; 골 1:20). 우리 믿음의 근본은 바로 이 복음입니다.

우리는 오직 이 복음을 받아들여야 하고(요 1:12), 순종하며(롬 1:5; 6:17) 믿어야 합니다. 무엇보다 그리스도께서 명하셨듯이 복음을 널리 전파해야 합니다(막 16:15; 고전 15:1).

{으쌰으쌰~활동해요}

아이들이 오리고 붙이고 완성하는 작업을 재미있게 해보도록 하고 어려운 부분들은 선생님이 도와주시길 바랍니다. 또한 완성한 후에는 함께 나팔에 입을 대고 외쳐보면서 복음을 전하는 일을 간접적으로 체험해보도록 인도해주시면 좋습니다.

30과 백부장의 믿음

1. 성경본문 | 누가복음 7:1-10

2. 외울 말씀 | 보내었던 사람들이 집으로 돌아가 보매 종이 이미 나아 있었더라 (누가복음 7장 10절)

3. 리더들의 외침 | 믿음의 사람이 되자!

4. 공과 주제 |
1. 예수님께서 백부장의 종을 낫게 해주셨어요.
2. 백부장의 믿음을 본받아요.
3. 무엇이든 예수님께 도움을 구하는 믿음의 어린이가 되어요.

[공과 짜임새]

구분	시간	교사지침	준비물
1. 이야기 나누기	10분	믿음이 무엇인지 생각해보기	성경책 필기도구
2. 성경이야기 들려주세요	10분	예수님께서 칭찬하시는 믿음의 사람 백부장의 이야기를 통해 믿음에 대한 생각 열기	
3. 말씀살피기	10분	백부장의 믿음 생각해보기	
4. 활동하기	10분	이야기 만들기	

[이렇게 시작하세요]

지금 내 옆에 예수님이 찾아오셔서 한 가지 소원을 말해보라고 하신다면 뭐라고 얘기할까요? 대부분 정말 나에게 중요하고 귀한 일이 이루어지기를 원할 것입니다.
그렇게 간구할 때 주님께서는 보시는 것이 있습니다. 바로 '그런 소원을 들어줄 수 있다고 믿는가?' 라고 하는 우리의 믿음입니다.
마찬가지로 예수님은 우리의 모든 것을 책임져 주시고 우리의 기도를 들어주시는 분이지만 그 전에 우리의 믿음을 보십니다. 기도도 믿음을 갖고 드려야 응답받을 수 있는 것이지요.
오늘은 공과를 들어가기 전에 아이들이 정말로 예수님을 믿는지 물어보세요. 특별히 예수님은 정말 능력이 많은 하나님이신지 물어보세요. 그 후에 예수님은 불가능한 것을 가능하게 하시는 분이시라는 사실을 알려주시면서 백부장의 믿음에 대한 이야기를 들려주세요.
오늘 본문에 나오는 백부장이라는 사람은 100명의 군대를 거느린 지휘관이었습니다. 그리고 그에게는 병이 들어 앓고 있는 종이 있었는데 그는 종이 낫기를 간절히 원했어요. 그때, 백부장이 예수님께 찾아와 어떻게 했는지 오늘의 말씀을 살펴보면서 우리 아이들의 믿음 또한 한뼘 자랄 수 있게 되기를 바랍니다.

1. 이야기 나누기

친구들 중에 '믿음이 좋다' 라고 생각한 친구가 있나요? 그렇게 생각한 이유는 무엇인가요?

가이드)

우리 아이들이 생각하기에 믿음이 좋은 기준은 무엇일까요? 아니면 무엇을 가지고 믿음이 좋은지, 나쁜지 판단하는 것일까요? 아이들이 믿음이 좋다고 생각한 사람과 그 이유를 들어보시고 아이들 각자가 생각하고 있는 믿음을 판단하는 기준에 대해 파악해보세요. 그런데 여기서 중요한 것은 믿음은 '하나님을 믿는 믿음'을 말합니다.
하나님이 나를 사랑하시고 하나님께서 함께 하시므로 우리가 넉넉히 이길 수 있는 것을 말하지요. 혹시 믿음의 좋음에 대한 기준이 겉으로 보이는 모습이나 돈이 많고 적음 같은 외적인 것이 아닌지 체크해보시고 하나님께서는 우리의 겉모습이 아니라 우리의 마음을 보신다는 사실을 알려주시길 바랍니다.

2. 성경이야기 들려주세요

"저기 가버나움에 가면 병을 고치는 사람이 있어. 그 사람의 옷깃만 만져도 앓던 병이 싹 사라지나봐." 이 소리는 예수님을 두고 하는 소리였어요.

그리고 소문은 널리 퍼져 어느 백부장에게도 들리게 되었습니다. 이 백부장에게는 병을 앓고 있는 사랑하는 종이 있었는데, 그는 종의 병이 낫기를 간절히 원했어요. 그리고 그때 예수님의 소문이 들린 거예요. 그래서 백부장은 고민할 것도 없이 예수님께 도움을 구하기로 마음먹었어요.

그런데 그는 예수님께 직접 나갈 수가 없었어요. 왜냐하면 능력의 예수님을 감당할 수가 없었거든요. 그래서 그는 유대인의 장로들을 예수님께 보내어 자신의 종이 낫게 되기를 간절히 부탁드렸어요. 백부장은 평소에도 다른 사람들에게 모범이 되는 지휘관이어서 장로들은 백부장을 위해 예수님께서 꼭 도와주시기를 간청했어요.

이 말을 들으신 예수님은 백부장의 집으로 향하셨는데, 근처에 갔을 때 백부장은 예수님께 자신의 친구들을 보내어 더는 수고하지 마시고 말씀만 해주시기를 원했어요.

그에게는 예수님의 말씀만으로도 종이 나을 수 있다는 확신과 믿음이 있던 것이지요. 그러자 예수님은 그곳에 있던 무리들에게 말씀하셨어요.

"나는 이스라엘 사람 가운데에서도 이만한 믿음을 본 일이 없다."

성경에는 이렇게 한 마디 하신 것 외에 다른 말씀은 기록되어 있지 않아요. 그런데 보내었던 사람들이 집으로 돌아갔을 때, 그들은 놀라운 기적을 보았어요. 그것은 병들어 죽기 직전이었던 종이 깨끗이 나아있는 것이었어요. 예수님께서 그 사람의 믿음을 보시고 그의 간구를 들어주심으로 그들은 예수님의 놀라운 능력을 체험하게 되었어요.

백부장의 믿음을 본받아 우리 친구들도 믿음으로 예수님께 나아가고 또한 이를 통해 우리의 기도를 들어주시는 예수님의 능력을 체험해 보아요.

[확인하기]

아래 장면을 성경 이야기 들은 내용의 순서에 맞게 번호를 매겨 봅시다.

3. 말씀살피기

1. 예수님께서 꼭 들어주셨으면 하는 나의 바람이 있다면, 그것은 무엇인가요? 한번 써보고 나누어볼까요?

2. 칠판에 '백부장'에 대한 글이 써져 있네요. 틀린 곳을 찾아 바르게 고쳐보세요.

〈백부장〉

백부장은 로마 군대 조직에서 100만 명의 군대를 거느린 지휘관이에요.
그에게는 병들어 앓고 있는 사랑하는 친구가 있었어요.
그래서 그 친구의 병이 낫기를 간절히 원했어요. 그러던 어느 날,
병을 고치는 능력의 예수님의 소문을 듣고 예수님께 종을 보내어
도움을 청했어요. 백부장은, 예수님이 꼭 낫게 해주실 것으로 믿었어요.
예수님은 그런 백부장의 믿음을 보시고 그의 친구를 낫게 해주셨어요.

정답: 100만명→ 100명 / 친구→ 종 / 종→ 유대사람들의 장로들

[말씀살피기 가이드]

[1번 문제] 예수님을 믿는 우리의 믿음이 얼마나 중요한지 아이들이 배우는 문제입니다. 예수님은 모든 것을 이루어 주실 수 있는 분이시며, 원하는 바는 기도를 통해 가능하다는 것을 알려주세요. 우리는 히브리서 11장을 '믿음 장'이라고 부릅니다. 히브리서 11장 1절에 '믿음은 바라는 것들의 실상이요 보이지 않는 것들의 증거'라 말씀하고 있습니다. 믿음은 육체의 눈으로 식별할 수 없는 것들의 실체를 마음의 눈으로 보게 합니다.

오늘의 말씀 본문에는 마음의 눈으로 보이지 않는 것을 보았던 백부장 이야기가 나옵니다. 그는 믿음으로 그의 간절한 소망을 이루었습니다. 백부장에게도 보이지 않는 것을 믿는 믿음이 있었지만, 예수님께서 보이지 않는 것을 볼 수 있는 능력이 있으시기에 가능한 것이었습니다. 이처럼 믿음은 위대합니다. 고린도전서 13장 13절 말씀에서는, '믿음 소망 사랑은 항상 있을 것'이라고 합니다. 믿음은 언제나 우리 안에 있으며 그 믿음을 지키기를 힘써야 합니다. 믿음 없이 구하는 것과 믿음을 가지고 구하는 것은 마음가짐부터 다릅니다.

우리 주님께서는 우리의 중심을 보시는 분이기에(삼상16:7) 우리 중심에 예수님을 향한 믿음이 있는지 스스로 점검하는 삶을 살아야 합니다.

[2번 문제] 말씀 내용을 충분히 이해했다면 답을 잘 찾을 수 있지만, 그렇지 않을 경우에는 본문을 찾아보고 틀린 곳을 고칠 수 있도록 지도해주세요.

[참고자료]

신약성경 속의 백부장

신약성경에는 백부장에 대한 몇가지 내용이 소개되고 있는데, 먼저 예수님의 십자가 곁에서 사형을 집행한 관리 백부장이 나옵니다. 지진과 천지지변이 일어나고 성소휘장이 찢겨진 사건을 경험하고 이후 백부장은 예수님을 하나님의 아들로 인정했습니다.

또한, 가이샤라에 백부장 고넬료가 있습니다. 그는 베드로의 전도로 회심하고 주님을 영접한 최초의 이방인이었습니다. 또한 바울 당시 예루살렘의 백부장이 소개되고 있는데, 그는 사도 바울로 인해 예루살렘에서 소요 사태가 발생했을 때 치안을 담당했던 자로서, 바울이 로마 시민권자임을 천부장에게 보고한 인물로 나옵니다(행 22:25-26).

오늘 말씀 본문의 백부장은 가버나움의 백부장으로(마 8:5-13; 눅 7:2) 하인의 중풍병 치유를 위해 신하를 예수께 보낸 신실한 자였습니다.

그가 이방인으로서 유대 종교를 믿었는지 알수는 없지만 적어도 예수님에 대한 능력과 믿음은 확고했던 것 같습니다. 성경에서 그는 유대인과 유대 종교에 매우 호의적이었습니다(눅 7:1-10). 예수님은 백부장의 신실한 믿음을 칭찬하셨습니다.

믿음

성경에서 믿음은 하나님께서 주시는 내적 확신이나 사랑의 태도를 말합니다.
믿음은 예수 그리스도를 통해서 보인 역사적인 계시에 대해 성령의 감동을 받아 나타내 행하신 모든 것을 마음속으로 믿고 실천하는 인간의 반응으로 보고 있습니다.
바울은 이 믿음은 하나님이 주신 선물이라 말씀하고 있고, 로마서 기록에서는 오직 의인은 믿음으로 말미암아 살리라(롬1:8)고 기록하고 있습니다.
또한 히브리서 11장엔 '믿음은 바라는 것들의 실상이고 보지 못하는 것의 증거'라 정의하기도 합니다. 이 믿음은 곧 우리를 천국으로 이끄는 동력이 되며 하나님의 놀라운 사랑의 선택을 의미합니다. 왜냐하면 우리는 이 믿음으로 구원을 받기 때문입니다.

{으쌰으쌰~활동해요}
백부장의 믿음, 전혀 다른 이야기 만들기 1

아래 4컷의 그림은 백부장의 믿음에 대한 성경이야기 입니다.
먼저, 그림이 어떤 내용인지 이야기를 나누어봅시다.
동일한 그림에 '백부장의 믿음'과 전혀 다른 이야기를 창작해서 각 장면마다 이야기를 적어봅시다.
다 기록 한 뒤 자신이 만든 새로운 이야기들을 친구들에게 들려줍시다.

{으쌰으쌰~활동해요}

먼저는 4개의 그림을 보며 오늘 배운 내용을 토대로 어떤 이야기인지 이야기해보도록 한 후 아이들의 상상력을 발휘하여 새로운 이야기를 만들어 보도록 합니다. 아이들의 이야기를 들어보시면서 혹여 비성경적(폭력적이거나 비속어가 들어간 겨우)인 경우에는 잘못된 부분을 지도해주시고 생각의 전환을 할 수 있도록 함께 도와주시길 바랍니다.

31과 예수님께서 제자들을 파송하셨어요

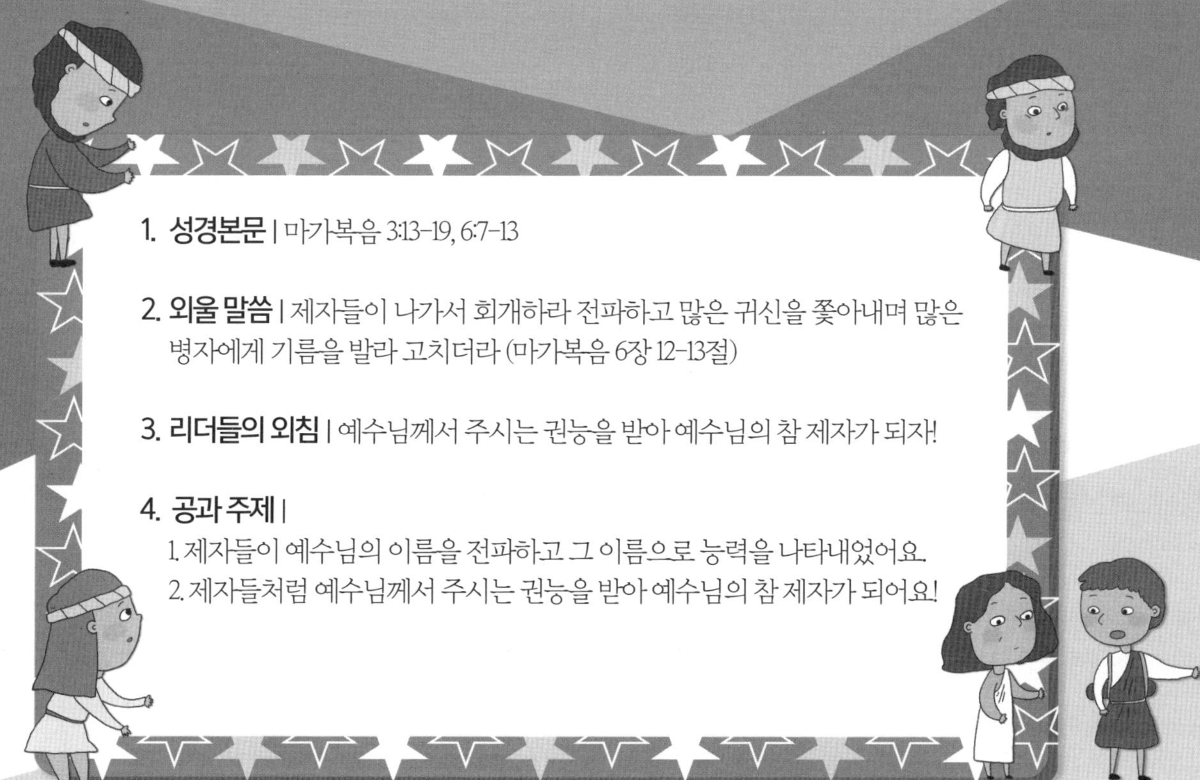

1. **성경본문** | 마가복음 3:13-19, 6:7-13

2. **외울 말씀** | 제자들이 나가서 회개하라 전파하고 많은 귀신을 쫓아내며 많은 병자에게 기름을 발라 고치더라 (마가복음 6장 12-13절)

3. **리더들의 외침** | 예수님께서 주시는 권능을 받아 예수님의 참 제자가 되자!

4. **공과 주제** |
   1. 제자들이 예수님의 이름을 전파하고 그 이름으로 능력을 나타내었어요.
   2. 제자들처럼 예수님께서 주시는 권능을 받아 예수님의 참 제자가 되어요!

[공과 짜임새]

구분	시간	교사지침	준비물
1. 이야기 나누기	10분	배움에 대해 나눠보기	성경책 필기도구 가위 풀
2. 성경이야기 들려주세요	10분	예수님께서 제자들을 파송하시기 전 하신 일들과 제자들이 하나님 나라를 전파한 일들 알아보기	
3. 말씀살피기	10분	제자들이 예수님의 권능을 받고 행한 일들 살펴보기	
4. 활동하기	10분	어린이 제자 확인증 만들기	

[이렇게 시작하세요]

우리 아이들이 선생님이 하는 일을 살펴보고 그 일들을 당장 똑같이 하라고 한다면 따라할 수 있을까요? 선생님이 맛있는 피자나 떡볶이를 만드는데 아이들에게 알려주거나 보여주지 않고 당장 만들어보라고 한다면 할 수 있을까요? 만드는 방법을 이미 알고 있던 친구들도 있겠지만, 대부분 하지 못할 것입니다.
오늘 본문 말씀의 제자들도 많은 것들을 배워야 했습니다. 예수님께서 행하셨던 일들, 귀신을 쫓아내고, 병든 자들을 고쳐주고, 복음을 전파하는 일들이었지요. 예수님은 제자들과 함께 다니시면서 많은 기적을 행하셨습니다.
또한 예수님은 제자들에게 당신과 똑같이 병든 자를 치유하고, 귀신들린 자를 고쳐줄 수 있는 능력을 주셨어요. 제자들도 예수님의 능력으로 귀신을 쫓아내고, 병을 고치고, 하나님의 말씀을 전파했습니다. 제자들이 더 아름답게 예수님의 사명을 감당할 수 있었던 것은 바로 이런 능력(권능)을 예수님으로부터 부여받았기 때문이에요.
요리를 배우려면 요리에 대해서 잘 알거나 잘하는 사람에게 배워야 하는 것처럼 귀신을 내쫓고 병을 고치는 일들을 하려면 가장 먼저 이 일을 행하시고 그 권능을 주신 예수님께 배워야 합니다.
예수님은 모든 것을 하실 수 있지만 제자들을 두신 이유는 우리에게 주신 사명이 있고 그것을 잘 감당하기를 원하셨기 때문입니다. 이 사실을 잘 이해시켜 주시고 그런 능력의 예수님을 차근차근 배워나가는 시간을 갖도록 합시다.

1. 이야기 나누기

악기나 운동을 배울 때 처음엔 서툴렀지만 선생님께 열심히 배워서 잘하게 된 것이 있나요?

가이드)

누구나 익숙하지 않은 것을 처음 시작할 때는 서툴고 엉성하기도 합니다. 그렇기 때문에 그것은 부끄럽거나 이상한 일이 아니지요. 오히려 열심히 연습하다 보면 서툴렀던 일을 능숙하게 해낼 수 있게 됩니다. 음악시간에 배운 노래, 악기, 혹은 축구나 철봉 같은 운동 등은 처음엔 부르는 방법이나 사용하는 방법을 몰라서 새롭기만 하지요. 무언가를 배우고 시작할 때, 그것의 사용방법이나 하는 방법들을 배워야 하는 것처럼 예수님의 제자들도 예수님의 사명을 가지고 복음을 전하기 전 예수님께 배워야 했습니다. 오늘 말씀을 통해 예수님께서 제자들에게 알려주신 것은 어떤 내용이었는지 살펴보면서 우리 아이들 또한 예수님을 닮아가는 제자들이 되기를 소망해봅시다.

2. 성경이야기 들려주세요

예수님께서는 제자들을 직접 뽑으셨습니다. 그리고 열두 제자들을 세우시고 사도라고 이름을 붙여주셨어요. 그 열두 제자들의 이름은 각각 베드로, 야고보(세베대의 아들), 요한, 안드레, 빌립, 바돌로매, 마태, 도마, 야고보(알패오의 아들), 다대오, 시몬, 가룟 유다였습니다. 예수님께서는 그들이 함께 있도록 하시며 또 그들을 내보내어서 말씀을 전파하게 하시고 귀신을 쫓아내는 권능을 가지게 하려 하셨어요. 그래서 예수님은 그들과 함께 다니시면서 하나님의 말씀을 전파하고, 귀신들린 자에게서 귀신을 내쫓고, 병든 자의 병을 고치는 일들을 행하셨고 예수님이 이러한 일들을 하시는 동안 제자들도 옆에서 함께 하며 예수님의 일들을 봐왔습니다.

그런 날들이 지나고 예수님께서는 제자들을 파송하셨는데 파송하시기에 앞서 열두 제자를 불러 그들에게 악한 귀신을 억누르는 권능을 주시고 둘씩 보내셨어요. 그러면서 예수님은 몇 가지 당부의 말씀을 하셨는데, 첫 번째는 지팡이만 가지고 가라는 것이었습니다. 이는 복음을 전파하면서 그 복음이 그들의 필요를 채워줄 것이기 때문이었어요. 두 번째는, 어디에서든지 누구의 집에 들어가게 되면 그곳을 떠날 때까지 그곳에서 머물러있으라고 하셨습니다. 초대받은 집에 머물러 있으면서 그들에게 자비를 베풀라는 것이었어요. 그리고 세 번째는 "어느 곳에서든지 너희를 영접하지 않고, 너희 말을 듣지도 않는다면 거기서 나갈 때에 너희의 발에 묻은 먼지를 털어서 그들을 고발할 증거로 삼아라." 말씀하셨어요. 그렇게 되면 그 먼지는 그들에게 재앙으로 변하고 하나님께서 심판하시는 그 날에 하나님의 진노를 면치 못할 것입니다.

예수님의 당부를 들은 후, 제자들은 떠났습니다. 그리고 그들은 많은 귀신들린 자들에게서 귀신을 내쫓고, 병든 자들의 병을 고쳤어요. 이는 예수님께서 주신 권능으로 행한 것이었습니다.

이렇게 제자들이 예수님 곁에서 함께 복음을 전파해 나갔던 것처럼, 또한 제자들을 가르치시고 하나님의 일을 하는데 크게 쓰셨던 것처럼 우리에게도 예수님의 권능을 허락하셔서 우리의 입과 마음에서 예수님의 능력이 나가는 예수님의 제자들이 되길 바라요.

[확인하기]

아래 장면을 성경 이야기 들은 내용의 순서에 맞게 번호를 매겨 봅시다.

3. 말씀살피기

1. 예수님께서 나에게 권능을 주신다면, 어떤 권능을 받고 싶나요?
   기록해보고 어떻게 사용할지도 적어봅시다.

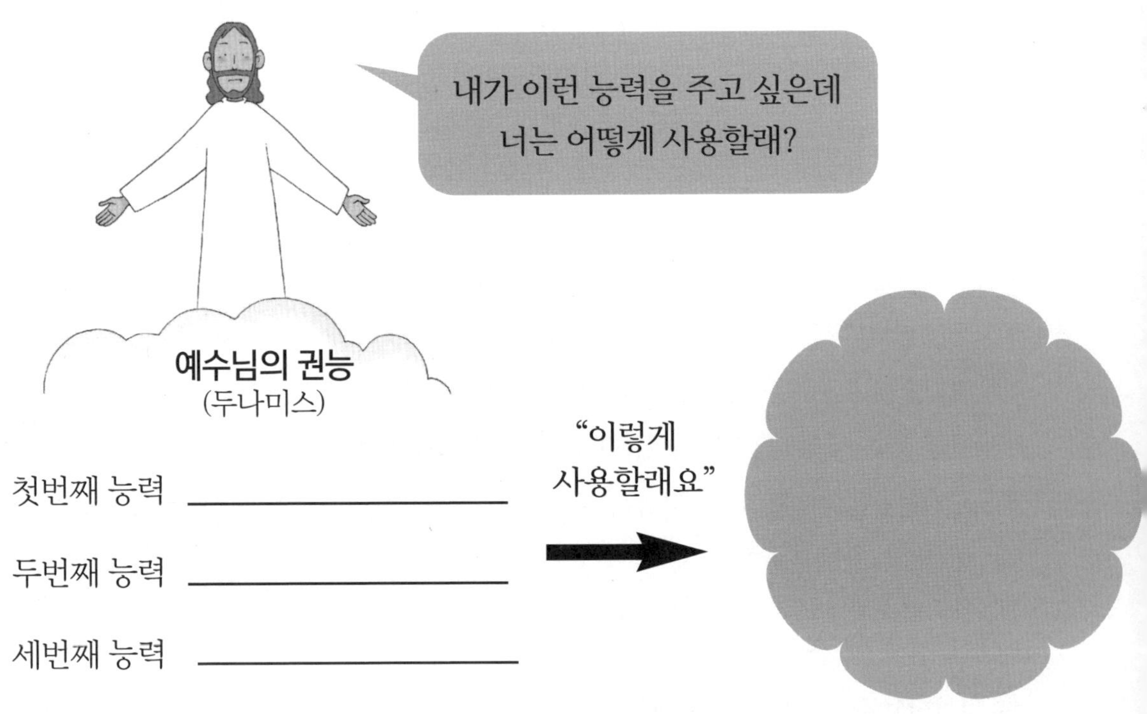

첫번째 능력 ____________________

두번째 능력 ____________________

세번째 능력 ____________________

2 예수님의 제자들이 권능을 받고 가서 한 일 세 가지는 무엇인가요?(막6:12-13)
   그림 안에 힌트가 있어요. 그림에 맞는 단어를 ____ 안에 작성하세요.

귀 신 을 쫓아내심　　복음 전 파　　기름을 발라 병 을 치료하심

[말씀살피기 가이드]

[1번 문제] 고린도전서 12장 1-11절을 찾아 다함께 읽어보고 설명해주신 후 작성하도록 합니다. 고린도전서는 바울이 고린도교회에게 전하는 편지입니다. 12장 1-11절 말씀을 보면 바울은 한 성령이 주시는 다양한 은사에 대해서 말합니다. 그리고 이 모든 일은 같은 한 성령이 행하시는데 그의 뜻대로 각 사람에게 나누어주십니다(11절).

오늘 본문 마가복음 3장 13-19절, 6장 7절-13절에서 예수님은 모든 제자들에게 권능을 주셨습니다. 그들은 예수님이 주시는 권능을 받고 나가서 병든 자들을 치유하고, 귀신들린 자들에게서 귀신을 쫓아내고 많은 무리들과 함께 있으면서 그들을 유익하게 하였습니다.

이는 모두 예수님 한 분의 능력이 그들에게 임한 것입니다. 이와 같이 오늘날에는 우리가 한 성령에 의해서 권능을 받습니다. 위에서 바울이 고린도교회에게 편지한 내용처럼 우리 각 사람에게 은사를 주십니다. 그 은사는 병 고치는 은사일 수도 있고, 지혜나 지식 혹은 방언의 은사일 수도 있으며, 여러 은사를 받을 수도 있습니다. 그리고 이 은사를 사용하는 목적은 모두에게 유익하게 하기 위함이고, 또한 하나님의 영에 의한 것이어야 합니다.

'마가복음에 제자들이 예수님께 받은 권능과 그들의 행함'과 '고린도전서의 바울의 편지에서 한 성령이 성도에게 은사를 주시며, 그 은사를 행하는 성도의 자세들'을 결부하여 지도해주세요.

[2번 문제]는 각 장면의 포인트를 힌트로 줌으로써 힌트가 의도하는 바를 제대로 알면 쉽게 답을 할 수 있습니다. 우선 힌트를 보고 답을 쓸 수 있도록 해주시고, 모르겠다면 성경 본문 마가복음 6장 12-13절을 찾아 답을 쓰도록 합니다.

[참고자료]

지팡이를 가져가라? 가져가지 말라?

'지팡이 외에는 아무것도 가져가지 말라.' 예수님께서는 제자들에게 최소한의 필요한 것들조차 가져가지 말라고 하셨습니다. 예수님께서 제자들을 파송하신 이 이야기는 마가복음뿐만 아니라, 마태복음과 누가복음에도 나와 있습니다. 그런데 한 가지 의문점은, 예수님이 제자들에게 지팡이는 가져가도록 허락하신 마가복음의 내용과는 달리 마태복음과 누가복음에는 지팡이조차 가져가지 말라고 나와 있습니다(마10:10;눅9:3).

이러한 사실을 가지고 학자들마다 견해가 다르긴 한데, 하나는 '마태복음과 누가복음의 지팡이는 싸울 때 쓰는 지팡이고, 마가복음의 지팡이는 여행할 때 도움이 되는 도구로써의 지팡이다'라는 의견이고 다른 하나는, '어쨌든 세 복음에서 전달하고자 하는 의미는, 가져가는 지팡이 외에 하나를 더 가져가지 말라는 의미라는 것'입니다. 그런데 사실이 어떠하든지 우리가 주목해야 할 점은, '지팡이를 가져가라' 혹은 '가져가지 말라'에 초점을 맞추기 보다는 '왜 여행자에게 갖추어야 할 최소한의 물건조차도 가져가지 말라고 하셨는가' 입니다. 아무것도 가지지 말라고 하신 이유는 제자들이 전적으로 하나님 나라를 전파하는 복음사역에서 은혜를 체험하게 하시기 위함이었습니다. 다른 것들에 의존하지 않고 오직 주님의 은혜로 모든 일들을 하기 위함인 것입니다. 이 사실만 정확히 알고 깨닫는다면, 지팡이를 가져가라고 하셨든, 가져가지 말라고 하셨든 그건 중요치 않습니다. 왜 가져가지 말라고 하셨는가를 제대로 알기만 해도 하나님의 은혜를 누릴 준비가 된 자들인 것입니다.

{으쌰으쌰~활동해요}

공과를 미리 준비하시면서 한 주 전에 아이들의 얼굴이 들어간 사진을 준비하셔서 아이들의 확인증에 붙여주시면 자신의 얼굴이 들어간 확인증을 좀 더 소중히 여기지 않을까 생각합니다.
또한 어린이 제자 확인증을 만들어보면서 확인증의 의미를 되새겨보도록 도와주시길 바랍니다.

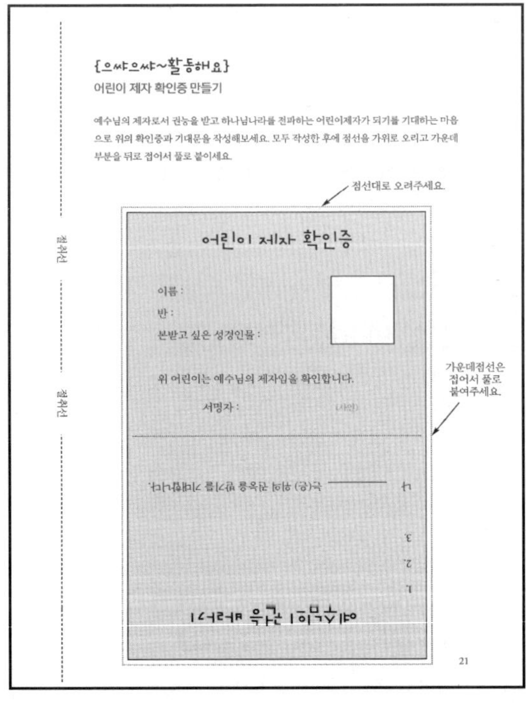

{으쌰으쌰~활동해요}

어린이 제자 확인증 만들기

예수님의 제자로서 권능을 받고 하나님나라를 전파하는 어린이제자가 되기를 기대하는 마음으로 위의 확인증과 기대문을 작성해보세요. 모두 작성한 후에 점선을 가위로 오리고 가운데 부분을 뒤로 접어서 풀로 붙이세요.

점선대로 오려주세요.

절취선

어린이 제자 확인증

이름 :

반 :

본받고 싶은 성경인물 :

위 어린이는 예수님의 제자임을 확인합니다.

서명자 : (사인)

가운데점선은 접어서 풀로 붙여주세요.

예수님이 주는 은혜 바라기

1.

2.

3.

4. ______는(은) 위의 은혜를 받기를 기대합니다.

21

32과 예수님과 삭개오의 만남

1. **성경본문** | 누가복음 19:1-10

2. **외울 말씀** | 인자가 온 것은 잃어버린 자를 찾아 구원하려 함이니라 (누가복음 19장 10절)

3. **리더들의 외침** | 삭개오처럼 예수님을 만나 변화되는 삶을 살아요!

4. **공과 주제** |
   1. 삭개오는 예수님을 만난 후 변화되었어요.
   2. 삭개오를 본받아 예수님 만나기를 기대하고 변화되어요!

[공과 짜임새]

구분	시간	교사지침	준비물
1. 이야기 나누기	10분	예수님을 믿고 변화된 모습 나누기	성경책 필기도구
2. 성경이야기 들려주세요	10분	예수님께서 삭개오를 만나주신 배경을 통해 삭개오의 회심과 예수님의 구원 살펴보기	
3. 말씀살피기	10분	예수님과 삭개오가 만난 사건 정리해보고 나에게 적용해보기	
4. 활동하기	10분	예수님과 약속하기	

[이렇게 시작하세요]

예수님이 이 땅에 오신 이유는 우리를 구원하시기 위함입니다.
예수님이 우리의 죄를 대신해서 십자가에 못 박히시고 고난을 받으실 때 양 옆의 십자가에 죄인들도 못 박혀서 죄를 지은 것에 대한 벌을 받고 있었지요. 그런데 그 중 한 죄인은 마지막 순간에 예수님께 자신을 기억해달라고 했습니다. 그러자 예수님께서는 "오늘 네가 나와 함께 낙원에 있을 것이다." 라고 말씀하셨어요. 그는 죄인이었지만 자신의 죄를 인정하며 대가를 치르고 있었고 진심을 담아 예수님께 말씀드렸습니다. 그랬더니 예수님께서는 아무것도 묻지도 따지지도 않으시고 그와 함께 있겠다고 하셨습니다(눅23:39-43). 이처럼 예수님은 죄인이라고 해서 그들을 버려두지 않으시고 만나주시며 진정으로 회개하고 변화되기를 원하십니다.
예수님은 오늘 죄인이라고 불리었던 '삭개오'라는 사람을 구원하셨습니다. 삭개오는 예수님을 보길 원했고, 예수님은 그런 삭개오를 만나주셨습니다. 그리고 삭개오는 예수님을 만남으로 변화되어 완전히 다른 사람이 되었습니다.
오늘 삭개오 이야기를 통해 삭개오가 어떻게 예수님을 만나게 되었고 어떤 노력을 기울였으며, 어떻게 변화되고 회개하였는지 또한 회개 후 어떤 행동의 변화를 보였는지 아이들에게 잘 설명해 주시고 예수님께서 오신 이유와 회개, 거듭남에 대해 이해시켜주시길 바랍니다.

1. 이야기 나누기

내가 예수님을 알게 되고 나서 변한 점이 있나요? 있다면 무엇인가요?

가이드)

아이들 중에는 태어났을 때부터 부모님과 함께 자연스레 교회에 다닌 아이들도 있고 친구나 주변 사람들의 전도를 통해 어느 정도 성장한 후에 교회에 나온 아이들도 있을 것입니다.
부모님의 믿음생활로 자연스럽게 교회에 다닌 아이들의 경우에는 교회에서 하나님의 말씀을 듣고 나서 변화된 점이 있는지 물어봐주시면 됩니다.
예수님을 믿고 난 우리는 예전의 모습과 분명 달라야 합니다. 예수님을 모를 때와 마찬가지로 구별된 삶을 살지 않는다면 그것은 옳은 모습이 아니지요. 예수님을 알게 되고 난 후 거짓말을 했을 때 회개하고 다시는 똑같은 죄를 짓지 않도록 노력하게 된 것, 주일에 나의 시간을 하나님께 드려 예배하게 된 것, 어려운 일을 하기 전에 기도하며 하나님을 의지하게 된 것 등 여러가지 나눔이 나올 수 있으니 아이들의 나눔을 귀 기울여 들어주세요.

2. 성경이야기 들려주세요

예수님께서 여리고로 지나가실 때의 일이었어요. 그 당시 예수님은 너무 유명해져서 많은 사람들이 예수님을 보려고 모여 있었지요. 그 많은 사람들 가운데 삭개오라는 사람도 있었는데, 그는 세리장이면서 부자였어요. 그는 예수님이 어떤 분인지 너무나 궁금했습니다. 그래서 예수님을 보려고 애를 썼지만 키가 작았기에 많은 사람들 틈에서 예수님을 제대로 볼 수 없었어요. 그러자 삭개오는 돌무화과나무에 올라가서 예수님이 지나가시기를 기다렸습니다.

그리고 예수님이 지나가실 때였습니다. 예수님께서 나무 위에 있는 삭개오를 보시고는 그에게 속히 내려와 그의 집으로 함께 가자고 하셨어요. 삭개오의 집에 머물겠다고 하신 것입니다. 삭개오는 그 말씀을 듣자마자 급히 내려와 즐거워하며 예수님을 영접했습니다. 그런데 그 모습을 보고 많은 사람들이 수근거렸어요. 그 이유는 예수님이 죄인이라 불리는 사람의 집에 들어갔기 때문이에요. 삭개오는 세리장이었는데, 세리장은 세금을 거두어들이는 사람으로서 옳지 않은 방법으로 돈을 빼돌리기도 하고 세금을 더 많이 측정해서 걷기도 하는 악행을 저지르기도 했어요. 그래서 사람들은 세리를 나쁘게 보고 그들을 죄인으로 칭했습니다.

오늘 본문의 삭개오는 어땠는지 자세히 나와 있지는 않아요. 하지만 직업이 세리장이었기 때문에 자신도 모르게 그런 죄를 지었을 수도 있고, 사람들에 의해서 죄인으로 칭함을 받았지요. 그럼에도 예수님은 그렇게 하지 않으셨습니다. 오히려 그의 집에 가서 그와 함께 하셨어요. 그랬더니 삭개오는 자신의 소유의 절반을 가난한 자들에게 나누어 주고, 만일 누구의 것을 속여 빼앗은 일이 있으면 네 배로 갚겠다고 약속했어요. 그런 삭개오에게 예수님은 말씀하셨습니다.

"오늘 이 집에 구원이 찾아왔다. 이 사람도 아브라함의 자손이다. 인자는 잃어버린 사람을 찾아 구원하러 왔다."(쉬운성경 눅19:9-10)

[확인하기]

아래 장면을 성경 이야기 들은 내용의 순서에 맞게 번호를 매겨 봅시다.

3. 말씀 살피기

1. 지금 우리 동네에 예수님이 다시 오신다면
예수님께 제일 먼저 무슨 말을 하고 싶은가요?
말풍선에 예수님께 하고싶은 말을 써봅시다.

2. 다음은 본문(눅19:1-10)에서 예수님이 하신 말씀입니다. 빈칸에 알맞은 말을 넣어 보세요.

오늘 [구] [원] 이 이 집에 이르렀으니 이 사람도 [아] [브] [라] [함] 의 자손임이로다.(9절)

인자가 온 것은 [잃] [어] [버] [린] [자] 를 찾아 [구] [원] 하려 함이니라.(10절)

[말씀살피기 가이드]

[1번 문제] 삭개오는 예수님을 만나보고 싶었습니다. 하지만 예수님의 소문만 들었을뿐 예수님에 대해서는 잘 알지 못했습니다. 왜냐하면 단지 예수님이 어떤 사람인지 궁금하여 보려고 했다고 기록하고 있기 때문입니다(눅19:3).
삭게오가 예수님 눈에 띄었던 이유는 어른이 뽕나무에 올라가는 노력을 했기 때문이었습니다. 그 당시에 예수님은 너무 유명해져서 모르는 사람이 없을 정도였습니다.
그곳에는 이미 많은 사람들이 있었고, 삭개오는 그 유명한 사람을 보려고 했던 사람들 중 한 명이었습니다. 그런데 삭개오가 얼마나 예수님을 보기 원했으면 나무에 올라가려는 생각까지 했는지 적극성이 대단합니다.
그렇다면 만약 지금 예수님이 오신다면 나는 어떤 말을 할까요? 그동안 마음 속에 담아두었던 성경에 관한 궁금증일 수도 있고 예수님을 향한 사랑의 고백일 수도 있으며 그외에 예수님과 나만 아는 비밀이야기일 수도 있겠습니다. 아이들이 예수님께 하고싶은 말은 무엇인지 자유롭게 생각해보면서 이번 문제를 풀어보도록 합시다.

[2번 문제] 삭개오 이야기에서 예수님은 많은 말씀을 하지 않으셨지만, 꽤 중요한 말씀을 하셨습니다. 예수님을 보려고 돌무화과나무 위에 올라가있는 삭개오를 발견하시고 내려와 집에 함께 가자고 하셨고 예수님을 만나 변화된 삭개오에게 구원이 이르렀으며 아브라함의 자손이라고 인정하시는 말씀을 하셨습니다. 또한 예수님께서 이 세상에 오심은 잃어버린 자, 즉 하나님을 알지 못하는 많은 사람들을 구원하시기 위함이라는 귀한 말씀을 하셨습니다. 본문을 찾아서 읽으며 빈칸을 채우도록 합니다.

[참고자료]

당시 세리를 왜 죄인처럼 여겼는가?
아브라함 자손이라 선언하신 예수님 말씀의 의미는?
예수님께서는 변화 받은 삭개오에게 '아브라함의 자손'이라고 말씀하셨습니다.
곧 믿음으로 말미암아 세리들 즉 이방인들까지도 아브라함의 축복을 받게 되는 것입니다.
삭개오는 아브라함의 자손으로 출생했지만 세리였기에 이방인처럼 여겨져 왔습니다.

그 당시에 로마 정부는 세금을 관리하는 사람들에게 권한을 부여했기 때문에 정부에 얼마 정도 세금만 바치면 세리가 자기 멋대로 많은 세금을 거두어 착복하는 것이 관례처럼 되어 있었습니다. 그래서 당시 세리들은 로마 정부가 요구하는 액수 이상의 세금을 거두어 자기 몫으로 착복하기 일쑤였고, 그 때문에 뭇 백성의 원성을 사기도 했습니다.
무엇보다 그 세금이 로마로 들어갔기에 세리는 로마의 앞잡이로 여겨졌습니다.
그러니 그런 세리들을 관리하는 세리장 삭개오에게도 불만이 있었겠지요.
그런데 그런 삭개오가 이제는 진심으로 회개하여 변화되었으니 이전의 그릇된 행실은 당연히 청산해야 했습니다. 예수님은 믿음의 인정함을 받은 자들만을 아브라함의 자손이라고 했습니다. 그렇기 때문에 예수님께서 삭개오에게 아브라함의 자손이라 말씀하신 것은 삭개오가 진정한 회개를 통해 확실히 구원받았음을 의미하는 표현인 것입니다.
믿음으로 말미암은 자들은 믿음이 있는 아브라함과 함께 복을 받을 것입니다(갈3:7-9).
또한 그리스도의 것이면 곧 아브라함의 자손이며 약속대로 유업을 이을 자라고 하셨습니다(갈3:29). 우리는 그리스도의 것이기에 아브라함의 자손이기도 합니다.
그러므로 그리스도인으로서 유업을 이어 반드시 하나님 나라가 임할 때 주님과 함께 있는 축복을 누리는 아브라함의 자손의 삶을 살아야겠습니다.

{으쌰으쌰~활동해요}

실제로 아이들 스스로가 지킬 수 있는 예수님과의 약속을 적어보도록 합니다.
여기서 중요한 것은 거창한 약속이 아니라 내가 꼭 지킬 수 있는 약속입니다. 이 시간을 통하여 아이들이 예수님과의 약속을 지키면서 믿음의 거룩한 습관을 가지게 되길 바랍니다.

33과 예수님의 능력

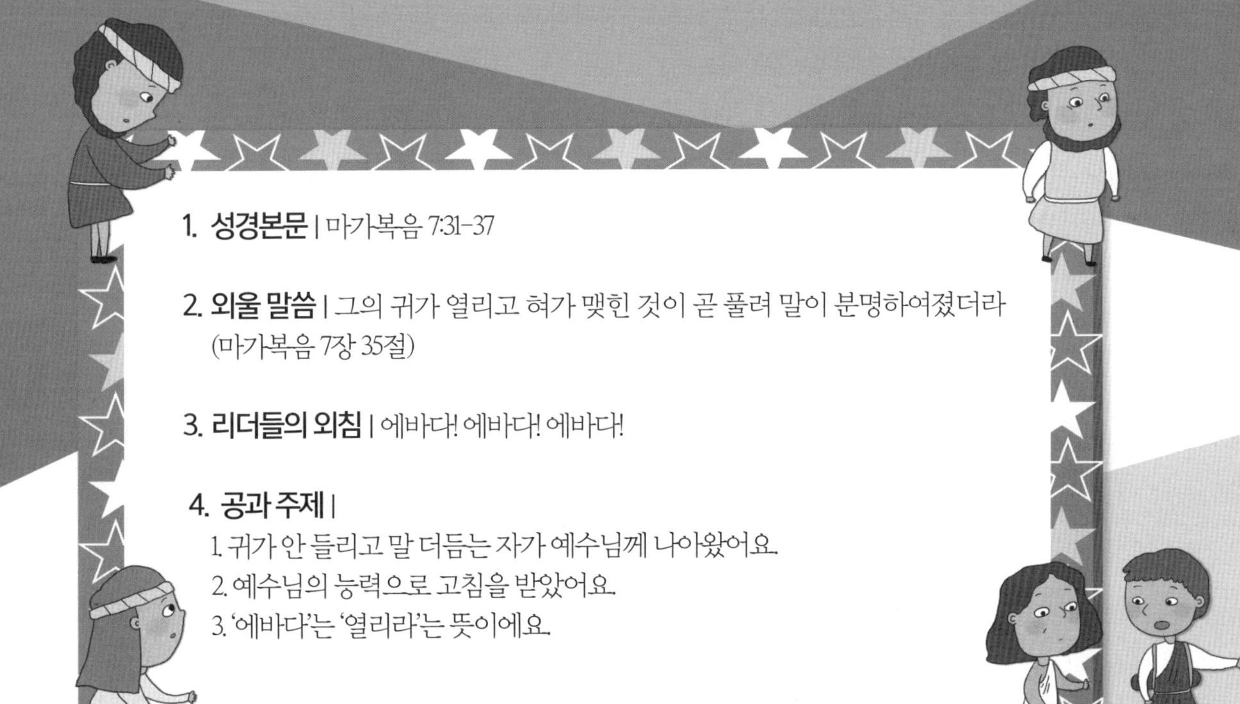

1. **성경본문** | 마가복음 7:31-37

2. **외울 말씀** | 그의 귀가 열리고 혀가 맺힌 것이 곧 풀려 말이 분명하여졌더라 (마가복음 7장 35절)

3. **리더들의 외침** | 에바다! 에바다! 에바다!

4. **공과 주제** |
   1. 귀가 안 들리고 말 더듬는 자가 예수님께 나아왔어요.
   2. 예수님의 능력으로 고침을 받았어요.
   3. '에바다'는 '열리라'는 뜻이에요.

[공과 짜임새]

구분	시간	교사지침	준비물
1. 이야기 나누기	10분	직접 겪은 기적같은 일 나누기	성경책 필기도구 색연필
2. 성경이야기 들려주세요	10분	귀가 안 들리고 말 더듬는 자를 고치신 예수님의 방법과 '에바다'이해하기	
3. 말씀살피기	10분	나의 모습 점검하고 '에바다'로 삼행시 짓기	
4. 활동하기	10분	예수님의 능력의 손 색칠하기	

[이렇게 시작하세요]

오늘은 예수님의 능력을 가늠해볼 수 있는 기적의 사건이 소개되고 있습니다.
기적의 의미를 사전에서 찾아보면, '상식으로는 생각할 수 없는 기이한 일', '신에 의하여 행해졌다고 믿어지는 불가사의한 현상'이라고 나와있습니다.
예수님은 듣지못하고 말을 더듬었던 자가 치료되는 기적을 행하셨습니다.
오늘 기적의 이야기를 통해 예수님은 불가능을 가능케하시는 분이며 능력의 하나님이시라는 사실을 아이들에게 잘 전달해 주시기 바랍니다. 또한 우리가 살아갈 때, 예수님은 늘 우리 곁에서 도우시는 분이라는 사실을 깨닫고 늘 예수님을 의지하며 기도하는 아이들이 되도록 지도해주세요.

1. 이야기 나누기

내가 직접 겪은 기적같은 일이 있나요? 있다면 함께 나눠봅시다.

가이드)

내가 직접 겪은 기적같은 일은 무엇이 있을까요? 기적이라는 말이 가지고 있는 의미 때문에 뭔가 대단하고 큰 일이어야 기적같은 일이라 생각할 수 있겠지만 그렇지 않습니다. 배가 고픈데 돈이 없어서 하나님께 기도했더니 정말 신기하게도 길가에서 돈을 주웠던 일, 위험한 차도에서 폐지를 줍고 있는 어르신을 발견하고 도와드렸는데 천만다행으로 사고를 피할 수 있었던 일등 처럼 우리 주변에서 일어날 수 있는 일이면 됩니다.
하나님께서는 때때로 보는 사람 모두의 눈이 휘둥그레지며 감탄을 쏟아낼만한 기적을 보여주시기도 하시지만 우리 삶에서 항상 함께하시며 잔잔히 기적을 베푸시고 은혜를 깨닫게 하셔서 우리로 하여금 그분께 영광 돌리도록 하시는 분입니다.

2. 성경이야기 들려주세요

예수님은 여러 지방을 다니시면서 많은 사람들을 고치셨는데 예수님께서 갈릴리 호수로 다시 돌아오셨을 때 사람들이 귀가 안 들리고 말을 더듬는 자를 데려와 안수해 주시기를 원했습니다.

예수님은 그 사람을 따로 데리고 무리에서 빠져나와 손가락을 그의 양 귀에 넣고 침을 뱉어 그의 혀에 손을 대시고 하늘을 우러러 보시며 한탄하시고 숨을 크게 쉬셨어요.

그리고 그를 바라보시며 '에바다'라고 외치셨습니다. 그러자 그때, 그의 귀가 열려 들을 수 있게 되고 굳어 있던 혀가 풀려 더 이상 말을 더듬지 않고 말했어요. '에바다'라는 말은 '열리다' 라는 뜻을 가지고 있는데 예수님은 귀가 안 들리고 말을 더듬는 자를 향해 '열려라!' 라고 외치셨던 거예요.

이처럼 예수님은 위대한 능력을 갖고 계십니다. 단지 예수님의 손과 말씀만으로 사람을 고치셨고 뿐만 아니라, 아무런 대가를 바라지 않으시고 고치셨어요.

또한, 예수님이 입고 계시는 옷 자체에서도 능력이 나왔습니다. 그래서 실제로 자신의 병이 낫기를 바라는 마음으로 예수님의 옷에 손을 대어 병이 낫게 되고 구원을 얻은 여인의 이야기가 성경에 기록되어 있지요(막5:25-34). 그 여인의 병은 피가 멈추지 않는 병이었는데, 병을 고치기 위해 이미 많은 돈을 들였지만 낫기는커녕 오히려 더 심해졌고 많은 의사들도 고치지 못했어요. 그런데 그녀가 예수님의 옷에 손 댄 즉시 나았어요. 그 여인은 예수님의 능력에 대해 잘 알고 있었고 예수님의 옷에 손만 대어도 나을 수 있다는 확신이 있었습니다. 예수님은 그 여인이 많은 사람들 틈에서 스치듯이 예수님의 옷자락을 만졌음에도 예수님의 능력이 나갔다는 것을 정확히 아셨어요. 그래서 예수님께서는 누가 옷을 만졌는지 물으셨고 여인이 자신의 상황을 모두 고백하자, 예수님은 여인에게 이렇게 말씀하셨습니다.

"딸아 네 믿음이 너를 구원하였으니 평안히 가라 네 병에서 놓여 건강할 지어다."(막5:34)

이러한 예수님의 능력을 우리도 체험할 수 있어요. 우리도 믿음을 가지고 예수님의 능력이 나타나기를 바라는 친구들이 되면 좋겠습니다.

[확인하기]

아래 장면을 성경 이야기 들은 내용의 순서에 맞게 번호를 매겨 봅시다.

3. 말씀 살피기

1. 풍선에 쓰인 단어 중 실천해야 할 것에 줄을 쳐봅시다. 버려야 할 행동의 풍선에는 X표를 쳐봅시다.

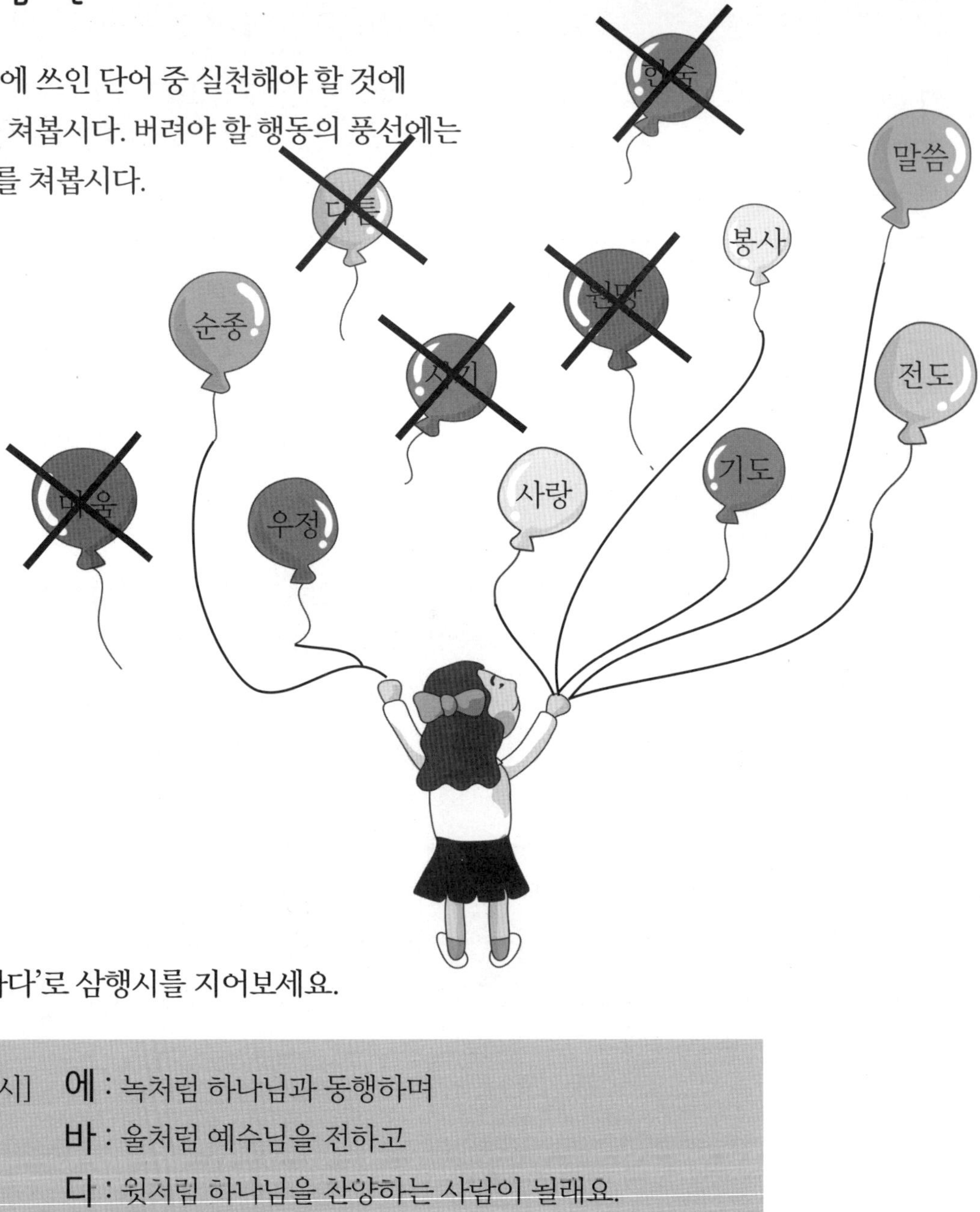

한숨 말씀 다툼 봉사 순종 원망 전도 사기 기도 미움 사랑 우정

2. '에바다'로 삼행시를 지어보세요.

[예시] 에 : 녹처럼 하나님과 동행하며
바 : 울처럼 예수님을 전하고
다 : 윗처럼 하나님을 찬양하는 사람이 될래요.

에 : ....

바 : ....

다 : ....

[말씀살피기 가이드]

[1번 문제] 오늘 배운 말씀에서는 믿음으로 예수님의 옷자락을 만진 여인의 이야기도 등장합니다. 그 여인은 믿음으로 예수님의 옷자락을 만짐으로 병이 나았지요. 우리 아이들이 풍선에 적힌 여러가지 성품 가운데 믿음의 어린이의 모습은 어떤 것인지, 어떤 모습을 실천할 것인지 골라보고 다짐해보는 시간입니다. 답은 정해져 있지만 아이들에게 옳고 그름으로 답을 강요하기 보다 아이들 나름대로 꼭 실천해야 할 것에 줄을 쳐보고 그것이 한 두가지라도 행동으로 옮길 수 있도록 격려해주세요.

[2번 문제] 삼행시를 짓는 것은 창의력을 기를 수 있는 활동입니다. 다양성을 존중해주시고, 발표도 해볼 수 있도록 인도해주세요.

[참고자료]

혈루증 [flow of blood, 血漏症]
혈루증은 성경에 간혹 나오는 질병으로, 구약과 신약에 모두 나옵니다.
혈루증은 중한 여성병으로 만성 자궁출혈의 질병입니다. 헬라어 '하이마'와 '레오'의 합성어로, 피의 유출이라는 뜻을 가지고 있습니다.
구약성경 레위기에 혈루증은 부정한 병으로 그 사람이 만지는 것은 모두 부정한 것으로 여겼습니다. 당시 유대인들은 의식적인 정결을 중시하였기 때문에 정상적인 월경도 부정한 것으로 취급되기도 했습니다.
오늘 말씀에 혈루증 여인은 하루이틀도 아니고 무려 12년 동안 이 병을 앓고 있었습니다.
누가복음 8장 43~44절에 "이에 열두 해를 혈루증으로 앓는 중에 아무에게도 고침을 받지 못하던 여자가 예수의 뒤로 와서 그 옷가에 손을 대니 혈루증이 즉시 그쳤더라"고 기록되어 있습니다. 이 여인은 많은 의원에게 많은 돈을 들여 고치려 했지만 재산만 허비했고, 오히려 질병은 더 심각한 지경에 이른 상태에서 주님을 만나게 되었습니다.
예수님의 옷자락만 만져도 고침받을 수 있다는 믿음이 그녀를 낫게 했습니다.

{으쌰으쌰~활동해요}

오늘의 말씀을 되새겨보면서 예수님의 능력의 손을 예쁘게 색칠하도록 합니다.
또한 '예수님 사랑해요'를 따라 쓸 때는 아이들이 소리를 내어 예수님께 사랑의 고백을 해보도록 하는 것도 좋습니다.

34과 바다가 잔잔해졌어요

1. **성경본문** | 마태복음 8:23-27

2. **외울 말씀** | 예수께서 이르시되 어찌하여 무서워하느냐 믿음이 작은 자들아 하시고 곧 일어나사 바람과 바다를 꾸짖으시니 아주 잔잔하게 되거늘 (마태복음 8장 26절)

3. **리더들의 외침** | 우리의 구원자 예수님이 우리를 지켜주신다.

4. **공과 주제** |
   1. 바람과 바다도 순종하게 만드시는 예수님
   2. 예수님 말씀의 놀라운 능력

[공과 짜임새]

구분	시간	교사지침	준비물
1. 이야기 나누기	10분	하나님을 의지하는 것이 무엇인지 생각해보기	성경책 필기도구 색종이 풀 실
2. 성경이야기 들려주세요	10분	예수님의 말씀으로 거친 바다가 잔잔해진 사건 살펴보기	
3. 말씀살피기	10분	예수님의 말씀에는 대단한 힘이 있음을 깨닫기	
4. 활동하기	10분	믿음의 배 만들기	

[이렇게 시작하세요]

사람마다 좋아하는 날씨는 모두 다를 것입니다. 그런데 만약 어떤 사람이 비오는 날씨가 싫어서 "비가 그치고 해가 비쳐라'고 말한다고 비오던 날씨가 화창한 날씨로 변하거나 바뀔까요? 때에 따라 기적처럼 우리가 간절히 기도할 때 하나님께서 들어주실 수도 있지만, 우리가 순리를 바꿀 능력은 없습니다.

그런데 우리 예수님은 그 일이 가능하신 분이십니다. 예수님이 바로 하나님이시기 때문입니다.

오늘 말씀은 바람과 바다도 순종하게 하신 예수님의 말씀의 능력을 확인할 수 있습니다.

예수님은 상상하지도 못하고 생각지도 못한 일, 불가능한 일을 행하실 능력이 있는 분입니다.

이번 과에서는 먼저 아이들에게 우리 인간의 한계를 잘 설명해주시고, 세상을 주관하시는 분은 오직 하나님 한 분이라는 사실을 전해주세요.

또한 그 하나님이 말씀이 육신이 되신(성육신하신)분이 예수님이심을 알려주세요. 예수님은 하나님되십니다. 아이들이 좋은 인성을 지닌 능력 많은 분으로만 기억되지 않도록 지도해주세요.

오늘 예수님의 말씀으로 바다가 잔잔해진 사건을 함께 살펴보며 놀라운 예수님의 능력을 깨닫고 믿고 의지하는 아이들이 되도록 지도해주시길 바랍니다.

1. 이야기 나누기

만약 가고싶었던 놀이동산으로 소풍을 가기 전날 밤, 뉴스에서 비가 온다는 일기예보가 나온다면 나는 어떻게 행동할지 생각해보고 나눠봅시다.

가이드)

기다리고 기다리던 소풍 전날 밤, 티비에서 흘러나오는 일기예보에서 비가 내린다는 소식을 들으면 기대와 기다림으로 부풀있던 마음이 와르르 무너지지요. 기대했던 만큼 실망도 클 것입니다. 그럴 때, 우리는 무엇을 할 수 있을까요? 실망이 가득찬 마음을 가지고 불평하고 투덜대고만 있을 건가요, 아니면 비가 오는 날 무엇을 할 수 있을지 생각을 바꿀 건가요? 그것도 아니면 이 세상을 다스리시고 운행하시는 분이 하나님이심을 믿고 하나님께 기도할까요?

우리는 눈에 보이지 않지만 온 우주만물을 지으시고 다스리시는 하나님을 의지해야 합니다. 물론 하나님의 계획과 뜻은 우리가 다 알 수 없기에 우리가 기도해도 비가 내릴 수도 있습니다. 그렇지만 그럼에도 하나님의 뜻과 계획을 의지하며 우리의 계획이나 생각을 내려놓고 먼저 하나님을 신뢰함으로 기도해야 합니다.
아이들의 다양한 의견을 들어보시면서 주님을 신뢰함에 대해 이야기 해주세요.

2. 성경이야기 들려주세요

예수님께서 제자들과 함께 배를 타고 가실 때였어요. 그때, 어마어마하게 큰 풍랑을 만나게 되었습니다. 그리고 큰 물결이 일어나서 배가 덮이게 되었어요. 그런데 예수님께서는 이러한 상황에서도 아무런 요동 없이 주무시고 계셨습니다. 반면 제자들은 너무 두려워서 어찌할 바를 몰라 주무시는 예수님을 깨우면서 이렇게 말했어요.
"예수님, 일어나보세요! 우리를 구원해주세요! 큰 풍랑이 일어나서 위험합니다."
그랬더니 예수님께서 제자들에게 말씀하셨어요.
"어찌하여 무서워하느냐, 믿음이 작은 자들아."
예수님은 풍랑을 보고 놀라 소란을 피운 제자들에게 믿음이 작다고 하셨어요. 그것은 예수님이 옆에 계시는데도 무서워서 소란을 피운 제자들의 모습을 보시고 꾸중을 하신 것이었지요.
그리고 예수님은 곧 일어나셔서 바람과 바다를 꾸짖으셨습니다. 그랬더니 바다가 언제 그랬냐는 듯이 아주 잔잔하게 되었어요.
오늘 말씀에서 바다가 예수님의 말씀만으로 잔잔해졌어요. 이처럼 우리도 예수님 말씀에 놀라운 능력이 있음을 알고 능력의 예수님을 신뢰하는 어린이가 되어요.

[확인하기]

아래 장면을 성경 이야기 들은 내용의 순서에 맞게 번호를 매겨 봅시다.

3. 말씀살피기

1. 예수님의 말씀이 얼마나 힘(능력)이 있다고 생각하나요?
   이유를 들어서 이야기 해보아요.

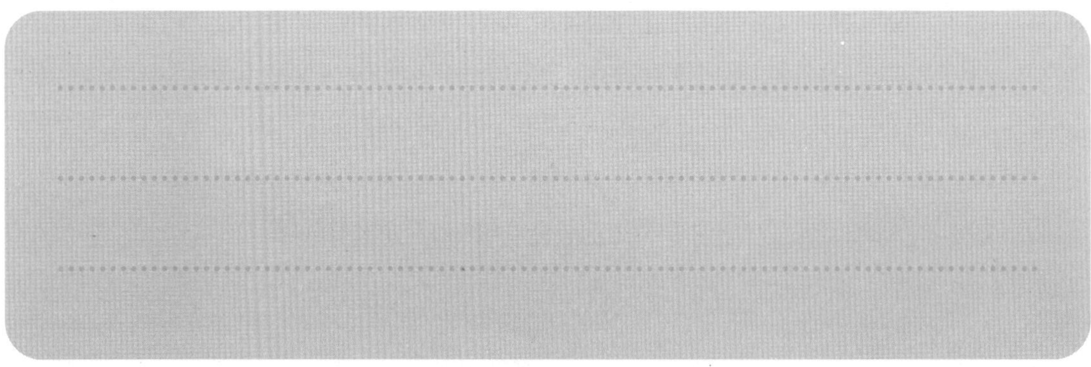

2. 예수님께서 바람과 바다를 꾸짖으신 후, 일어난 일에는 ○ 표시를 하고 일어나지 않은 일에는 X 표시를 하세요.

[말씀살피기 가이드]

[1번 문제] 예수님은 말씀 한 마디로 바람과 파도를 잔잔하게 하시는 분입니다. 그리고 오늘 본문 뿐 아니라 성경에서 예수님의 말씀 한 마디로 물이 포도주로 변하고(요2:1-11), 죽은 나사로가 살아나며(요11:1-46), 많은 병자들이 고침을 받는 등의 일을 볼 수 있습니다. 그런 예수님의 능력을 얼마나 실감하며 알고 있는지 토론을 통해 알아보고 예수님의 능력에 대해 더욱 깊이 알아가는 시간을 갖습니다.

[2번 문제] 예수님의 말씀으로 어떠한 변화가 일어났는지 예수님의 말씀 후에 일어난 놀라운 일들에 대해 기억하는 문제입니다. 스스로 풀어본 후 잘 모르면 성경 본문을 찾아서 풀어도 좋습니다.

[참고자료]

복음서에 기록된 예수님이 자연에 행하신 이적들

물로 포도주를 만드심(요2:1-11), 오천명을 먹이심(마14:15-21, 막6:35-44, 눅9:12-17, 요6:5-15), 폭풍을 잔잔케 하심(마8:23-27, 막4:35-41, 눅 8:22-25), 바다 위를 걸으심(마14:22-33, 막6:45-52, 요6:16-21), 물고기의 입에서 세금 낼 동전을 얻게 하심(마17:24-27), 사천 명을 먹이심(마15:32-39, 막8:1-9), 무화과 나무가 마름(마21:17-22, 막11:12-14, 20-25), 첫 번째 이적인 물고기 포획(눅5:1-11), 두 번째 이적인 물고기 포획(요21:1-14)

복음서에 기록된 병 고치신 이적들

가나에서 왕의 신하의 아들을 고치심(요4:46-54), 벳세다에서 소경이 눈을 뜸(막8:22-26), 나면서부터 소경된 자를 고치심(요9:1-41), 나사로를 살리심(요11:1-45), 귀신들린 자를 고치심(마8:28-34, 막5:1-20, 눅8:26-39), 야이로의 딸을 살리심(마9:18-26, 막5:22-24, 35-43, 눅8:41-42;49-56), 38년 된 병자를 고치심(요5:1-18), 열두 해된 혈루증 걸린 여인을 고치심(마9:20-22, 막5:25-34, 눅8:43-48), 가버나움에서 중풍병자를 고치심(마9:1-8, 막2:1-12, 눅5:17-26), 게네사렛 가까운 곳에서 문둥병자를 고치심(마8:1-4, 막1:40-45, 눅5:12-15), 베드로의 장모를 고치심(마8:14-17, 막1:29-31, 눅4:38-39), 손 마른 자를 고치심(마12:9-14, 막3:1-6, 눅6:6-11), 귀신들려 간질하는 아이 고치심(마17:14-20, 막9:14-29, 눅9:37-43), 귀신들려 눈 멀고 벙어리된 자를 고치심(마9:27-31, 눅11:14), 두 소경을 고치심(마9:27-31), 귀신들려 벙어리된 자를 고치심(마9:32-34),

귀 먹고 어눌한 자를 고치심(막7:31-37), 소경 바디매오를 고치심(막20:29-34, 막10:46-52, 눅18:35-43), 수로보니게 여인의 딸을 고치심(마15:21-28, 막7:24-30), 백부장의 하인을 고치심(마8:5-13, 눅7:1-10), 회당에서 귀신들린 자를 고치심(마1:23-27, 눅4:33-36), 나인성 과부의 아들을 살리심(눅7:11-16), 18년 동안 귀신들린 여인을 고치심(눅13:10-17), 고창병 든 남자를 고치심(눅14:1-6), 10명의 문둥병자를 고치심(눅17:11-19), 말고의 귀를 고치심(눅22:49-51, 요18:10-11)

예수님께서는 어떻게 폭풍 가운데서 주무실 수 있을까?

예수 그리스도는 큰 놀 가운데서 주무셨습니다. 이것은 폭풍 속에서의 요나처럼 위험을 깨닫지 못한 방심의 잠이 아니라 거룩한 평온의 잠이며 하나님 아버지를 의지하는 믿음의 잠이었습니다. 본문의 예수님께서는 제자들을 꾸짖으셨습니다. "어찌하여 두려워하느냐 믿음이 작은 자들아"(26절) 예수님은 제자들이 두려움으로 불안해하는 것을 꾸짖으셨습니다. 그리고 바람과 바다를 꾸짖으셨습니다. 그러자 언제 그랬냐는 듯 바다는 아주 잔잔해졌습니다. 일반적으로 폭풍이 그친 후에는 물이 잔잔해질 때까지 오랜 시간이 걸리지만 예수님께서 말씀하시면 폭풍 뿐만 아니라 폭풍의 모든 여파와 잔재도 그칩니다.

우리 삶 속에서의 커다란 의심과 두려움의 폭풍도 하나님의 보호하심 가운데 예수님과 함께한다면, 두려움에 떠는 것이 아니라 예수님처럼 믿음과 평온의 잠을 잘 수 있을 것입니다.

{으쌰으쌰~활동해요}

제시된 종이접기 방법을 참고하면 큰 무리없이 배를 완성할 수 있을 것입니다. 하지만 혹시 종이접기가 서툰 친구들이 있다면 선생님께서 도와주시고 또한 색종이로 배를 예쁘게 꾸미면서 즐거운 활동시간이 되길 바랍니다.

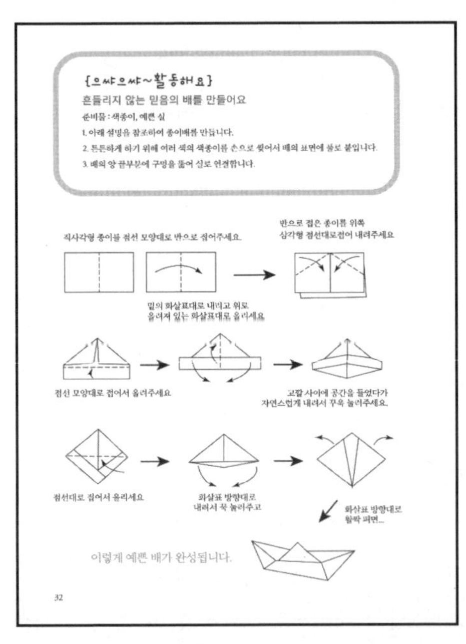

35과 오병이어의 기적

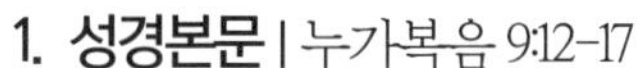

1. 성경본문 | 누가복음 9:12-17

2. 외울 말씀 | 예수께서 떡 다섯 개와 물고기 두 마리를 가지사 하늘을 우러러 축사하시고 떼어 제자들에게 주어 무리 앞에 놓게 하시니 먹고 다 배불렀더라 그 남은 조각 열 두 바구니를 거두니라 (누가복음 9장 16-17절)

3. 리더들의 외침 | 예수님의 능력을 믿는 믿음의 어린이가 되자!

4. 공과 주제 |

1. 떡 다섯 개와 물고기 두 마리의 기적
2. 불가능을 가능으로 바꾸실 예수님을 신뢰해요.

[공과 짜임새]

구분	시간	교사지침	준비물
1. 이야기 나누기	10분	내가 바라는 기적 나누기	성경책 필기도구 가위 풀
2. 성경이야기 들려주세요	10분	오병이어의 기적 이야기 들려주기	
3. 말씀살피기	10분	예수님을 신뢰하는 내 모습 다짐하기	
4. 활동하기	10분	기적의 바구니 만들기	

[이렇게 시작하세요]

보통 우리는 수학 문제를 풀 때, 1+1=2, 2+2=4, 5+2=7 이라고 풀 것입니다. 이 공식은 누구나 이해하고 인정하는 수학공식이지요. 그런데 이러한 수학 공식의 개념이 무너지고 이와 반대되는 일이 나타납니다. 바로 오병이어의 기적입니다. 어떻게 이런 일이 가능할 수 있었을까요?
또 그런 일을 하신 분은 누구일까요? 그렇습니다. 능치 못할 일이 없으신 우리 예수님이십니다.
우리 아이들은 오늘 말씀을 통해 놀라운 기적을 경험하게 될 것인데, 이를 통하여 아이들이 단순히 놀라운 기적의 사건에만 집중하기보다는 예수님께서 기적을 일으키신 이유와 예수님이 어떻게 기적을 베푸셨는지, 또 이를 통해 우리는 무엇을 깨닫고 우리의 삶을 점검해보아야 하는지 생각하고 실천해보도록 합시다.

1. 이야기 나누기

나에게 기적이 일어난다면 꼭 이루어졌으면 하는 일 한 가지는 무엇인가요?

가이드)

나에게 기적이 일어난다면? 하나님께서 나의 소원을 들어주신다면? 내가 꼭 이루어졌으면 하는 일은 무엇이 있나요? 좋아하는 이성친구에게 고백을 받게 되는 것, 시험에서 1등을 하는 것, 운동을 잘하게 되는 것, 얼굴이 예뻐지고 잘생겨지는 것 등 많이 있겠지요. 이번 시간에 아이들과 함께 즐거운 상상을 펼치며 나눔을 이어가 보세요. 상상만 해도 즐거운 일일 것입니다.
그리고 즐겁고 재미있는 나눔이 끝나면 말씀으로 기적에 대한 다양한 시각을 올바로 잡아주시길 바랍니다. 우리의 유익과 인간적인 기쁨을 채우기 위한 기적이 일어날 수는 있겠지만 하나님께서 기적을 베푸실 때에는 기적을 통하여 우리를 깨닫게 하시고 우리에게 말씀하시고자 하는 것이 있다는 것입니다. 오늘 배울 오병이어의 기적을 통해 하나님께서 우리에게 말씀하시고자 하는 것은 무엇인지 살펴보시길 바랍니다.

2. 성경이야기 들려주세요

어느 날, 예수님이 제자들과 함께 벳새다라는 지역으로 가셨을 때였어요. 그 사실을 알고 많은 사람들이 예수님을 따라왔고 예수님은 사람들에게 하나님 나라의 일을 전하며 병든 자들을 고치셨습니다.
날이 저물어갈 때쯤 예수님의 제자들이 예수님께 말했어요. "이곳은 빈 들이라 먹을 게 아무것도 없으니 마을로 가서 머물면서 음식을 얻는 것이 좋을 것 같습니다."
그러자 예수님께서는 제자들에게 먹을 것을 직접 주라고 말씀하셨어요. 하지만 제자들은 그렇게 할 수 없었어요. 왜냐하면 제자들에게는 떡 다섯 개와 물고기 두 마리 밖에 없었거든요. 그곳에는 정말 많은 사람들이 있었어요. 여자와 어린이 외에 남자들만 오천 명 정도가 있었다고 합니다(마14:21). 그러니 제자들은 떡 다섯 개와 물고기 두 마리를 그 많은 사람들에게 다 줄 수 없다고 했던 거예요.
그런데 그 이야기를 들으신 예수님은 제자들에게 사람들을 50명씩 무리지어서 앉히라고 하셨어요. 그리고 제자들이 그들을 앉히자, 그곳에 놀라운 능력이 나타났습니다. 예수님께서 떡 다섯 개와 물고기 두 마리를 가지고 하늘을 우러러 축사하심으로 하나님께 감사기도를 드리신 후 떡과 물고기를 제자들에게 떼어주며 거기 있는 사람들에게 나누어주도록 하셨는데 그곳에 있던 사람들 모두가 배부르게 먹고도 남아서 그 남은 조각을 열두 바구니에 거두어 담았습니다. 바로 예수님께서 축사하심으로 놀라운 능력이 나타난 것이에요. 이 사건을 우리는 '오병이어의 기적'이라고 말해요.
예수님은 우리에게 아무것도 없고 불가능하다고 생각할 때, 그 생각의 틀을 깨뜨리시고 넉넉하게 채워주시는 분이에요. 내 생각에는 불가능할 것 같은 일들도 예수님을 신뢰하며 믿을 때, 그것이 가능으로 바뀌는 예수님의 능력을 볼 수 있습니다. 우리가 생각하는 것에는 한계가 있지만 예수님께는 그 한계를 뛰어넘는 능력이 있어요. 그 능력 안에 머물러서 예수님의 말씀과 능력을 신뢰하는 우리 모두가 되었으면 좋겠습니다.

[확인하기]

아래 장면을 성경 이야기 들은 내용의 순서에 맞게 번호를 매겨 봅시다.

3. 말씀살피기

1. 어떤 일에 대해서 불가능하다고 느낄 때 나는 어떻게 하나요?
   네모칸에 어떻게 해결할지 기록해 봅시다.

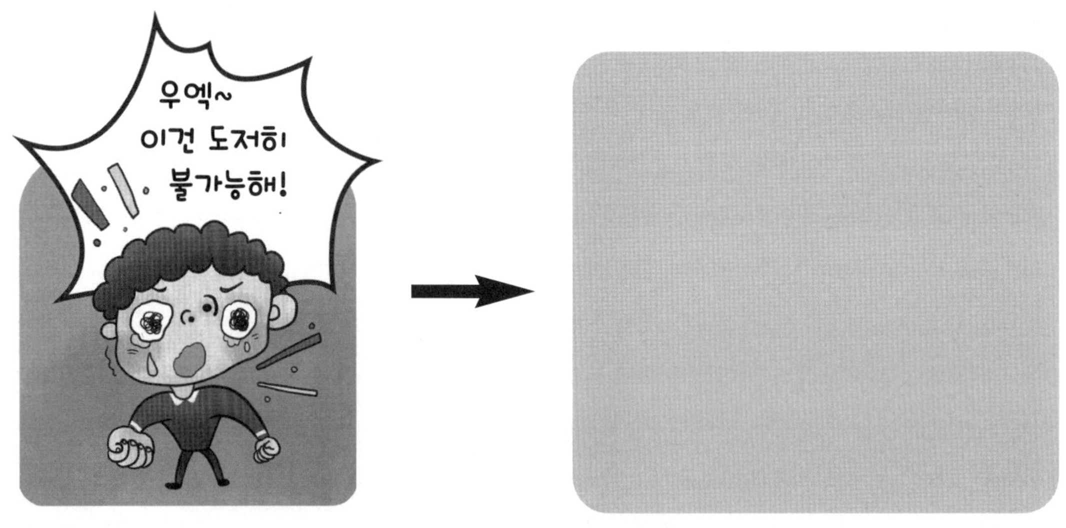

2. 예수님은 무엇을 들고 하나님께 기도하셨나요?
   그려봅시다. 또한 빈 바구니를 가득 채워봅시다.

[말씀살피기 가이드]

[1번 문제] 불가능을 가능으로 바꾸시는 예수님을 의지하여 그분의 능력 안에 머무르는 어린이가 되기 위한 단계입니다. 불가능하다고 느낄 때 무조건 안 된다고 부정하지 말고 하나님께 기도를 드리고 예수님의 능력을 믿음으로 성숙한 신앙생활을 할 수 있도록 지도해주세요. 하나님의 능력을 덧입기 위한 방법은 오직 기도뿐입니다.

[2번 문제] 오병이어 사건에서 예수님의 축사로 인해 놀라운 능력이 나타났습니다. 떡 다섯 개와 물고기 두 마리의 기적이 어떻게 해서 이루어졌고, 그 후에 어떻게 되었는지도 중요하기 때문에 기억하도록 합니다.

[참고자료]

오병이어 사건

오병이어 사건은 예수님의 부활과 더불어 사복음서에 모두 기록된 말씀입니다. 마태복음(14:14~21), 마가복음(6:35~44), 누가복음(9:12~17), 요한복음(6:5~14) 등에 기록하고 있습니다. 이 기적의 의미는 예수가 생명의 떡이 되신다는 사실을 보여준 사건이고(요한복음 6:35), 예수님의 메시야 되심을 증거하는 기적이며, 긍휼과 사랑이 넘치는 능력의 하나님이심을 보여주는 사건입니다. 이밖에도 물로 포도주를 만드신 첫 번째 기적을 시작으로(요한복음 2:1~11) 복음서에 35회에 이르는 기적을 기록하고 있습니다.

서로 대접하기를 원망 없이 할 것

예수님은 아낌없이 주시는 관대한 분입니다. 그의 제자들은 '무리를 보내어 먹을 것을 얻게 하소서' 라고 말했지만 그리스도는 "아니다. 너희가 그들에게 먹을 것을 주어라. 우리가 가지고 있는 것을 줄 수 있는 데까지 주어서 그들이 자유로이 먹도록 하여라."고 말씀하셨습니다. 그렇게 하심으로써 사역자들과 그리스도인들에게 서로 대접하기를 원망 없이 할 것을 가르치셨습니다.
'적게 가진 자들은 적은 것으로 할 수 있는 일을 하자.' 이것이 바로 예수님의 방법입니다.
예수 그리스도는 병든 자를 치유하실 뿐 아니라 음식이 필요한 자에게 음식도 주시는 분입니다.
우리의 영과 육이 예수님으로 배부를 수 있도록 해주시는 능력의 예수님입니다.

{으쌰으쌰~활동해요}

오리고 붙이며 예쁜 바구니를 만들어봅시다. 바구니를 만든 후에는 바구니 안에 사탕같은 가벼운 간식을 넣어주시면 아이들이 더욱 재미있게 느낄 것입니다.

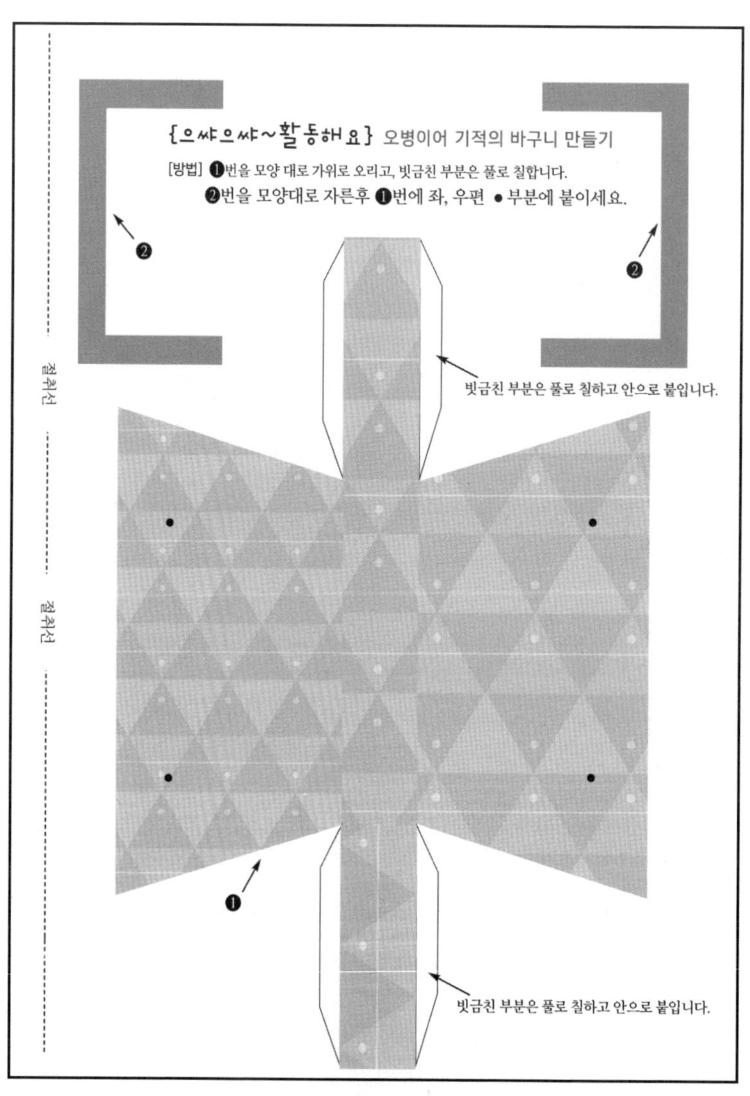

36과 구원

1. **성경본문** | 요한복음 3:16-17

2. **외울 말씀** | 하나님이 세상을 이처럼 사랑하사 독생자를 주셨으니 이는 그를 믿는 자마다 멸망하지 않고 영생을 얻게 하려 하심이라 (요한복음 3장 16절)

3. **리더들의 외침** | 우리의 구원자 예수님을 믿어요!

4. **공과 주제** |
   1. 하나님이 세상을 사랑하셔서 독생자를 보내주셨어요.
   2. 우리의 구원자 예수님을 믿어요.
   3. 우리를 사랑하시는 하나님을 사랑해요.

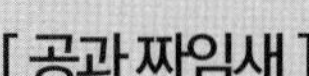

[공과 짜임새]

구분	시간	교사지침	준비물
1. 이야기 나누기	10분	사랑하는 사람을 위한 희생에 대해 생각해보기	성경책 필기도구
2. 성경이야기 들려주세요	10분	독생자 예수님을 보내신 하나님에 대해 알기	
3. 말씀살피기	10분	핵심 내용이 담긴 성경구절을 적어봄으로 의미를 더 깊이 깨닫기	
4. 활동하기	10분	구원의 다리 완성하기	

[이렇게 시작하세요]

하나님은 사랑의 하나님이십니다. 또한 공의의 하나님이십니다. 공평과 정의에 위배되는것을 용납하지 않으시는 분입니다. 이처럼 성경에는 하나님의 여러가지 성품이 기록되어 있습니다.
오늘 우리가 떠올려야 할 하나님은 사랑의 하나님이십니다. 하나님은 사랑이 많으신 분이지요. 그리고 우리가 하나님을 알기도 전부터, 그리고 깨닫기 전부터 하나님께서는 우리를 사랑하고 계셨습니다. 하나님처럼 높고 위대하신 분이 이 작고 작은 나를 사랑하셨다는 것은 말로 형용할 수 없는 큰 은혜입니다. 그리고 하나님께서 나를 사랑하신다는 것은 하나님의 말씀인 성경에서 증명해주고 있습니다.
오늘 요한복음 3장 16~17절 말씀은 성경 전체의 주제입니다. 우리 아이들에게 하나님은 우리를 사랑하시고, 그렇기 때문에 독생자 예수님이 십자가를 지심으로 우리를 죽음과 사망에서 구원하셨다는 복음의 핵심을 잘 이해시켜 주세요. 또한 하나님이 어떻게 우리에 대한 사랑을 확증시켜 주셨는지 배우고 아이들이 하나님의 넓고 깊은 사랑을 깨달을 수 있도록 지도해주시길 바랍니다.

1. 이야기 나누기

내가 사랑하는 사람들을 떠올려 보세요. 그 사람이 왜 소중한가요? 혹 나는 그 사람들을 위해 목숨까지도 내어줄 수 있나요? 함께 나눠봅시다.

가이드)

내가 사랑하는 사람들은 가족, 친구, 함께하는 공동체 사람들처럼 나와 가까이하며 함께 희노애락을 나눈 사람들이지요. 내 주변에 사랑하는 사람이 있다는 건 참 행복한 일입니다.
그런데 사랑하는 사람들을 위해 내 목숨을 내어주어야 한다면 우리 아이들은 어떤 생각이 들까요? 기꺼이 목숨을 바칠 수 있을까요, 아니면 고민되고 난감해서 뭐라고 말하기 어려울까요? 우리 아이들의 마음이 어떠한 것이든지 그것은 잘잘못의 문제가 아니니 그것으로 판단하거나 옳고 그름을 이야기하셔선 안 됩니다. 아이들을 왜 그런 생각이 들었는지에 대해 함께 나눠보시면서 아이들의 생각을 이해해주시고 격려해주시길 바랍니다. 그런데 우리 예수님께서는 죽을 수 밖에 없는 죄인인 나를 위해 죽으셨습니다. 아이들이 먼저 나눈 것들을 생각하며 예수님을 떠올려보면 예수님의 십자가 사랑이 얼마나 놀라운 것인지 간접적으로 조금이나마 느낄 수 있을 것입니다. 예수님의 십자가 사랑에 대해 설명해주시면서 오늘 배울 내용으로 자연스럽게 인도해주세요.

2. 성경이야기 들려주세요

하나님께서는 이 세상을 너무나 사랑하셔서 그분의 독생자 예수 그리스도를 이 세상에 보내셨습니다. 그리고 그 아들 예수 그리스도를 통해 우리가 영생을 얻도록 하셨습니다. 그렇다면 영생은 무엇일까요? 바로 '영원한 생명'을 말합니다. 영원히 사는 것이 가능한 일일까요? 이것은 오늘 본문 말씀에 분명하게 나와 있습니다.

"그를 믿는 자마다 멸망하지 않고 영생을 얻게 하려 하심이니라"(16절)

우리가 멸망하지 않고 영생을 얻으려면 그를 믿어야 한다고 하셨어요. 여기에서 그는 하나님의 독생자 예수님이죠. 예수님을 믿어야 영생을 얻을 수 있어요.

우리가 예수님을 믿고 영생을 얻으면 영원한 생명이 있다고 하는데, 그렇다면 우리는 어디에서 어떻게 영원히 살게 되는 것일까요? 바로 하나님 나라 천국에서 살게 되는 것입니다. 그리고 우리를 사랑하시고 우리가 사랑하는 예수님과 영원히 사는 것입니다.

하나님의 뜻은 이 세상이 구원을 받는 것이에요. 하나님이 예수님을 이 땅 가운데로 보내신 이유는 세상을 구원하시기 위함이지요. 하나님은 예수님을 이 세상에 보내실 때 세상을 심판하려고 보내신 것이 아니라, 이 세상과 모든 민족이 구원을 얻게 하기 위하여 보내셨어요. 하나님께서 우리를 너무도 사랑하셔서 우리에게 이런 은혜를 주신 것입니다.

예수님은 이 세상에 오셔서 우리를 위해 희생하셨어요. 그게 바로 하나님의 뜻이기 때문이에요. 예수 그리스도께서 이 땅에 오시기 전, 우리가 죄인이었을 때에 그리스도께서 우리를 위하여 죽으심으로 우리에 대한 하나님의 사랑을 확증하셨습니다(롬5:8). 하나님의 사랑에 감사하며 우리도 하나님을 사랑해요. 또한 예수님의 희생으로 우리가 구원을 받을 수 있다는 믿음을 늘 간직하길 바라요.

[확인하기]

아래 장면을 성경 이야기 들은 내용의 순서에 맞게 번호를 매겨 봅시다.

3. 말씀살피기

1. 아래 괄호를 채워보고 무엇을 의미하는 것인지 서로 이야기 해 봅시다.

	죄사함 받는 길	결과
구약	흠없는 짐승의 제사	일시적인 (죄)사함
신약	예수님께서 (십자가)에 달려 죽으심	예수님만 믿으면 완전한 구원받음

2. 다음의 성경구절을 따라 적어보세요.

우리가 아직 죄인 되었을 때에 그리스도께서 우리를 위하여 죽으심으로 하나님께서 우리에 대한 자기의 사랑을 확증하셨느니라 (로마서 5장 8절)

[말씀살피기 가이드]

[1번 문제] 능력의 하나님은 죄와 우상에 빠진 인간들을 모두 심판할 힘과 능력이 있는 분이십니다. 하지만, 하나님은 심판하여 멸하시지 않으셨습니다. 하나님은 다른 방법으로, 가장 고통스럽고 미련한 방법으로 우리를 살려낼 계획을 세우셨습니다. 바로 당신께서 직접 세상에 오셔서 인간의 죄를 대신해 심판을 받으시고 죄없게 만드시기로 작정하신 것입니다. 그것이 곧 십자가에 달려 죽는 일이었습니다. 예수님은 우리를 위해 그렇게 세상에 희생제물로 오신 것입니다. 예수님께서 날 위해 죽으셨다는 사실을 알고 믿는다면, 우리는 그에 걸맞는 믿음의 행동이 있어야 합니다. 늘 기도하고 교회에 더욱 열심히 나가며 늘 날 살리신 은혜에 감사해야 하지요. 또한 복음을 세상에 전해야 합니다. 우리가 하나님께 거저 받은 사랑이 얼마나 귀한 사랑인지 깨달을 수 있도록 토론의 장을 만들어주세요.
[2번 문제] 오늘 본문 말씀의 핵심적인 내용이 들어있는 성경구절입니다. 로마서 5장 8절을 따라 적어보며 하나님과 예수님에 대해 더 알아가는 시간이 되었으면 좋겠습니다.

[참고자료]

진정한 구원은 예수님을 나의 주인으로 고백하는 일부터 시작된다.

진정한 구원은 예수님을 통해 이루어진다고 성경은 기록하고 있습니다. 구원은 예수님을 주님으로 시인하는 입술의 고백이 굉장히 중요합니다. 예수님을 나의 주님으로 시인하게 되면 영육간에 두 가지의 변화가 오게 됩니다. 첫째, 나는 죄인이라는 자각을 하게 되는데 죄의 비참함을 알게 되고 그 비참함 때문에 슬퍼하게 되며 회개하게 됩니다. 둘째, 예수 그리스도만이 진정한 구원자이심을 알게 되고, '이제는 어떻게 살아야 할까'에 대한 생각의 변화가 일어납니다. 그래서 죄인인 우리가 죄에 대한 형벌을 피하고 구원에 이르기 위해 가장 먼저 해야 하는 것은 예수 그리스도를 구세주로 믿고 입술로 시인하는 일입니다. 예수님을 믿는다는 것은 예수님을 나의 전 인생의 주인으로 받아들이는 일입니다. 그래서 의도적이더라도 아이들에게 입술로 주님을 고백하도록 이끄는 것이 중요합니다. "예수님을 구세주로 모시려 하니 다스려 주십시오. 제 마음에 들어오셔서 저를 구원해 주십시오." 이렇게 입으로 예수님을 주님이라고 고백하고 마음으로 믿으면 그것 때문에 의롭다고 여김을 받게 되고 구원을 받게 되는 것이지요.

[구원과 영생에 관한 참고 성구]

요한복음 1:12 | 영접하는 자 곧 그 이름을 믿는 자들에게는 하나님의 자녀가 되는 권세를 주셨으니
로마서 10:9~10 | 네가 만일 네 입으로 예수를 주로 시인하며 또 하나님께서 그를 죽은 자 가운데서 살리신

것을 네 마음에 믿으면 구원을 받으리라 사람이 마음으로 믿어 의에 이르고 입으로 시인하여 구원에 이르느니라

요한일서 5:11~12 | 또 증거는 이것이니 하나님이 우리에게 영생을 주신 것과 이 생명이 그의 아들 안에 있는 그것이니라 아들이 있는 자에게는 생명이 있고 하나님의 아들이 없는 자에게는 생명이 없느니라

세상을 사랑하신 하나님은 독생자 예수님을 통해 세상을 구원하고자 하셨다.

하나님께서는 풍성하게 세상을 사랑하셨습니다. 유대인들은 메시아는 오직 자기들의 나라만을 사랑하셔서 오신다는 헛되고 이기적인 생각을 갖고 살았습니다. 그러나 예수 그리스도께서는 그런 선민의식에 빠져있는 유대인들에게 당신은 유대인뿐아니라, 온 세상을 사랑하셔서 온 세상의 죄인을 위해 오셨다고 기록하고 있습니다. 예수 그리스도를 통하여 모든 자에게 생명과 구원이 보편적으로 주어지게 된 것입니다. 그를 믿는 자는 영원히 멸망치 않고 영생을 얻으리라는 확고한 제안과 함께 그 아들을 보내실 정도로 하나님께서는 세상을 대단히 사랑하셨습니다.

이제까지 구원은 이스라엘에만 국한되었으나, 이제는 이 지구 끝까지 그리스도께서 구원으로서 알려지게 되었습니다. 세상에 아들을 보내신 하나님의 계획이 있으니, 그 계획은 곧 그를 통하여 세상을 구원하시고자 함이었습니다. 그리스도께서는 심판을 위해 오신 것이 아니라, 구원을 위해 이 땅에 오신 것입니다.

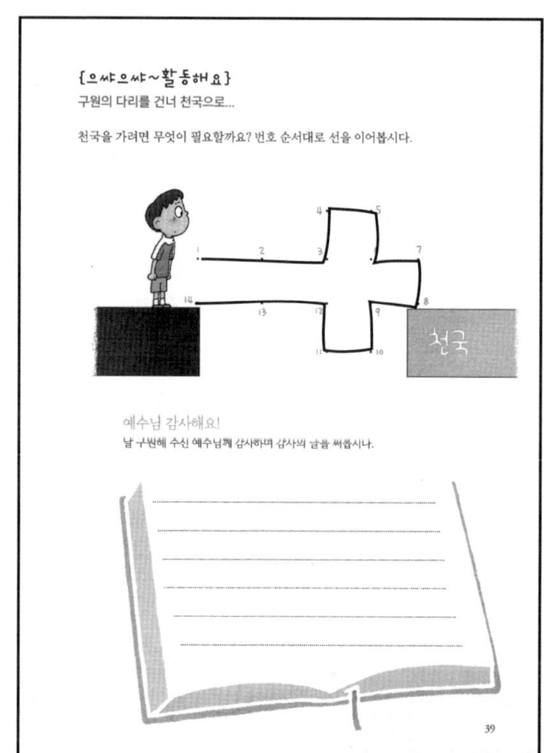

{으쌰으쌰~활동해요}

번호 순서대로 점을 선으로 이어가다 보면 십자가가 완성됩니다. 아이들이 십자가를 완성하면 아이들에게 천국은 반드시 예수님의 십자가를 통해서만 갈 수 있음을 다시 한 번 설명해주시길 바랍니다. 또한 감사의 마음을 담아 예수님께 짧은 편지를 써봄으로 감사의 마음을 직접 표현해보는 시간을 가지도록 합니다.

37과 당신의 이웃은 누구입니까?

1. 성경본문 | 누가복음 10:25-37

2. 외울 말씀 | 네 마음을 다하며 목숨을 다하며 힘을 다하며 뜻을 다하여 주 너의 하나님을 사랑하고 또한 네 이웃을 네 자신 같이 사랑하라 (누가복음 10장 27절)

3. 리더들의 외침 | 하나님 사랑! 이웃 사랑!

4. 공과 주제 |

1. 사마리아인처럼 이웃을 사랑해요.
2. 마음을 다하여 하나님을 사랑하고 내 이웃을 자신과 같이 사랑해요.

[공과 짜임새]

구분	시간	교사지침	준비물
1. 이야기 나누기	10분	내가 생각하는 이웃의 기준 생각해보기	성경책 필기도구
2. 성경이야기 들려주세요	10분	예수님의 지혜로운 가르침 들려주기	
3. 말씀살피기	10분	도움이 필요한 이웃에게 어떻게 행동할지 생각해보기	
4. 활동하기	10분	하나님 사랑, 이웃 사랑 실천하기	

[이렇게 시작하세요]

오늘의 성경본문은 예수님께서 진정한 이웃이 누구인지, 참 사랑이 무엇인지를 예를 들어 설명하신 말씀입니다. 우리의 진정한 이웃은 누구일까요? 친구들, 옆집에 사는 사람, 그들 모두가 우리의 이웃입니다. 그런데 우리가 더 중요하게 여겨야 할 부분은 비록 잘 알지 못하는 사람이라 해도 우리의 도움의 손길이 필요한 사람들 또한 우리의 이웃이라는 사실입니다.
나와 친한 사람, 나랑 잘 아는 사람만이 이웃이 아니라 잘 알지 못하지만 나의 작은 도움이 필요한 사람, 우리가 도와야 하는 사람 모두가 우리의 이웃인 것이지요.
오늘 말씀을 통해 아이들이 우리의 진정한 이웃은 누구이고, 이웃에게 어떤 하나님의 마음으로 대해야 하는지 알아보는 시간이 되길 바랍니다. 특별히, 오늘 배운 사마리아인처럼 나는 도움이 필요한 이웃이나 친구를 어떻게 도울 수 있을지 이야기 해보고 이웃을 내 자신같이 사랑하는 것이 무엇인지 구체적인 예를 들어주시면 좋을 것 같습니다.
우리는 몸이 아프면 낫기 위해 애를 씁니다. 또한 위험한 장애물이 덮쳐올 때 우리는 본능적으로 피하게 됩니다. 이런 반사적인 행동들은 내가 내 몸을 얼마나 아끼고 사랑하는지를 보여주는 예이자 자연스런 현상입니다. 성경은 이같은 마음으로 이웃을 사랑하라 말하고 있습니다. 이 시간을 통해 우리 아이들이 참 사랑의 실천이 무엇인지 깨닫게 되길 바랍니다.

1. 이야기 나누기

내 주변에 있는 많은 사람들 중에서 '나의 이웃'은 누구인가요? 또한 나의 이웃이라고 생각한 이유는 무엇인지 나눠봅시다.

가이드)

'가까이 사는 집 또는 그런 사람'이라는 뜻의 이웃은 우리 주변에 있고 또한 우리가 누군가의 이웃이 되기도 합니다. 그런데 단순히 옆집이나 가까이 사는 사람이 나의 이웃일까요? 옆집에 누가 살고 있는지도 잘 모르고 인사도 하지 않고 지내는 요즘 이 시대에 누가 나의 이웃이 될 수 있을까요? 아이들이 누구를 이웃이라고 생각하고 그렇게 생각한 이유는 무엇인지 잘 들어보시길 바랍니다. 이를 통해 친구들이 정의하는 이웃의 기준이 각각 나타나게 될 것입니다. 그리고 나눔을 모두 들으신 후에 우리 친구들이 정의한 이웃의 개념과 예수님께서 말씀하고 계신 이웃의 개념에는 어떤 차이점이 있는지 함께 살펴보시길 바랍니다.

2. 성경이야기 들려주세요

한 율법교사가 예수님께 질문했습니다. 그는 예수님이 뭐라고 하는지 시험하기 위해 질문을 했던 것이었어요. 그런데 예수님은 그의 질문에 또다시 질문으로 대답하셨습니다. "율법에 무엇이라 기록되었으며 네가 어떻게 읽느냐" 예수님은 그가 율법교사이기에 답을 잘 알 것이라고 생각하셨어요. 역시 그 율법교사는 답을 잘 알고 있었습니다.

율법교사는 이렇게 대답했어요. "네 마음을 다하며 목숨을 다하며 힘을 다하며 뜻을 다하여 주 너의 하나님을 사랑하고 또한 네 이웃을 네 자신 같이 사랑하라 하였습니다." 이에 율법교사는 또 질문했습니다. "그렇다면 제 이웃은 누구입니까?" 이 질문에 예수님은 한 가지 이야기를 들려주셨습니다.

어떤 한 사람이 예루살렘에서 여리고로 내려가고 있을 때, 그곳에서 그만 강도를 만나게 되었습니다. 강도들은 그를 마구 때렸고 맞아서 쓰러져 누워있는 것을 보고는 그를 두고 자리를 떠났지요. 그때 마침 한 제사장이 그곳을 지나갔는데 쓰러져있는 사람을 보고 피하여 지나갔습니다. 그리고 조금 후에 한 레위 사람이 그곳을 지나갔는데 쓰러져있는 사람을 보고 아까 그 제사장처럼 피하여 지나갔습니다. 그리고 그때, 그곳을 여행하던 사마리아 사람이 그를 발견하고는 망설일 것도 없이 가까이 가서 기름과 포도주를 그 상처에 붓고 싸매고 자기 짐승에 태워 주막으로 데리고 가서 돌보았습니다. 그 다음날 사마리아인이 주막 주인에게 두 데나리온을 내밀며, 이 사람을 돌보아 주고 비용이 더 들면 다시 돌아올 때에 갚는다고 했어요.

예수님은 이렇게 비유를 들려주시고 율법교사에게 누가 강도만난 자의 이웃인지 물으셨어요. 그 율법교사는 당연히 자비를 베푼 사마리아인이라고 대답했지요. 그러자 예수님은 그에게 "너도 가서 이와 같이 하라" 하셨습니다. 우리는 도움이 필요한 사람들의 이웃이에요.

"네 마음을 다하며 목숨을 다하며 힘을 다하며 뜻을 다하여 주 너의 하나님을 사랑하고 또한 네 이웃을 네 자신 같이 사랑하라" (눅10:27)

하나님의 말씀대로 하나님을 사랑하고 이웃을 사랑하는 우리 모두가 되었으면 좋겠습니다.

[확인하기]

아래 장면을 성경 이야기 들은 내용의 순서에 맞게 번호를 매겨 봅시다.

3. 말씀살피기

1. 선한 사마리아인처럼 내게 도움이 필요한 사람에게 어떻게 행동할지 기록해 봅시다.

2. 예수님께서 들려주신 예화에서, 강도 만난 사람을 도와주지 않고 지나친 사람은 누구인지 모두 고르세요.

① 율법교사 ② 레위인 ③ 사마리아인 ④ 주막주인 ⑤ 제사장

[말씀살피기 가이드]

[1번 문제] 보통 우리가 생각하는 이웃이란 내가 아는 사람 혹은 주변에 사는 사람에 한정적입니다. 그런데 성경에서 말하는 이웃은 다릅니다. 나와 관련된 사람의 범주를 넘어서 비록 처음 보는 사람일지라도 그 사람에게 도움이 필요하다면 기꺼이 도와줄 수 있어야 하며, 바로 그 사람이 우리의 이웃이라는 것입니다.
아이들에게 말씀에서 정의하는 이웃에 대해 잘 알려주시고 나의 도움이 필요한 사람에게 어떻게 행동할지 스스로 생각해보고 적어보도록 지도해주세요. 또한 그리스도인은 하나님을 사랑하고 이웃을 사랑하는 사람이라는 것을 알려주시길 바랍니다.

[2번 문제] 말씀의 내용과 예화를 집중해서 들었다면 충분히 풀 수 있는 문제입니다. 만약 모르거나 틀리는 어린이가 있다면 강도만난 사람의 이야기를 한 번 더 들려주세요.

[참고자료]

사마리아인과 선한 사마리아인

기원전 722년 이스라엘이 앗시리아인들에게 정복되었을 때 앗시리아는 많은 이스라엘인들을 죽이거나 추방하고 외국인들을 불러 그 지역에 살게 하였습니다.
또한 이스라엘과 이방인들의 통혼정책을 펼치기도 하였습니다. 때문에 자연스럽게 혼혈족들이 많이 생기게 되었습니다(열왕기하 17:33). 그뿐 아니라 사마리아인들은 여호와 신앙을 버리고 이방인들의 우상숭배도 많이 하게 되었습니다. 이로인해 유대인들과는 갈등이 생기게 되었고 이들을 이스라엘의 옛 수도인 사마리아의 이름을 따서 사마리아인이라 부르게 되었습니다. 예수님 당시 사마리아인과 유대인은 이미 수백 년 동안 서로 원수처럼 지냈습니다. 사마리아인들과 마주치지 않기 위해 갈릴리에서 유다까지 가는 유대인들은 사마리아 지역을 멀리 우회해서 돌아가곤 하였습니다. 유대인들은 '사마리아'라는 말만 들어도 침을 뱉었을 정도였습니다.
선한 사마리아인은 누가 우리의 이웃인가에 대한 가르침으로 제시하신 비유에 등장하는 인물(눅 10:30-37)입니다. 당시 사마리아인은 유대인들이 자기 동족으로 취급하지 않을 만큼 미워했던 자입니다. 그런데 사랑을 제대로 실천하는 쟈로서 사마리아인을 예로 들어 말씀하신 것은 여러가지 의미를 주고 있습니다.

사마리아인은 사회적 인습이나 한계를 초월하여 강도 만난 자에게 다함없는 친절과 사랑을 베풂으로써 사랑의 가치와 이웃의 범위를 확인시켜 주었습니다.

율법교사의 그릇된 생각을 바로잡아주신 예수님

본문에서는 예수님과 율법교사가 대화하는 것을 볼 수 있습니다. 우리는 여기에서 그리스도의 분명한 대답을 듣게 됩니다. 예수님께 질문을 한 율법교사의 그릇된 생각은 무엇인가? 그는 "너의 이웃을 사랑하라. 그러나 모든 이방인은 제외시켜라. 왜냐하면 그들은 우리 이웃이 아니고 우리 민족과 우리 신앙을 가진 자들만 우리 이웃이기 때문이다" 라고 생각하였습니다. 그들은 죽어가는 이방인을 보고도 그의 생명을 구하기 위하여 도와 줄 의무가 없다고 생각하였습니다. 예수님께서는 그런 율법교사의 생각이 잘못되었다는 것을 바로잡기 원하셨으며, 비유로써 우리가 친절을 베푸는 사람은 누구든지 우리 이웃으로 간주해야 된다는 것을 가르쳐 주셨습니다.

{으쌰으쌰~활동해요}

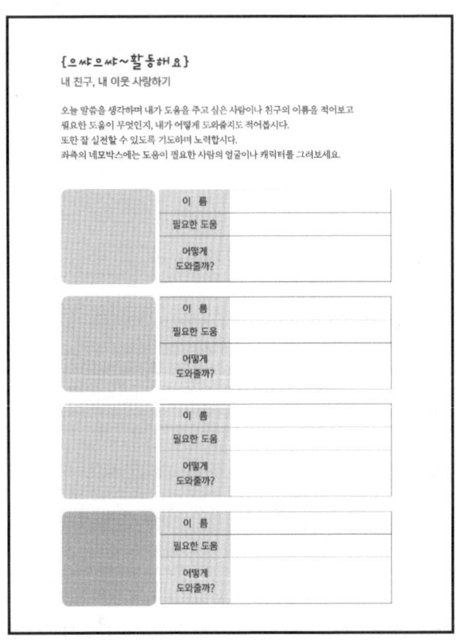

{으쌰으쌰~활동해요}

내 친구, 내 이웃 사랑하기

오늘 말씀을 생각하며 내가 도움을 주고 싶은 사람이나 친구의 이름을 적어보고
필요한 도움이 무엇인지, 내가 어떻게 도와줄지도 적어봅시다.
또한 잘 실천할 수 있도록 기도하며 노력합시다.
좌측의 네모박스에는 도움이 필요한 사람의 얼굴이나 캐릭터를 그려보세요.

이 름	
필요한 도움	
어떻게 도와줄까?	

이 름	
필요한 도움	
어떻게 도와줄까?	

이 름	
필요한 도움	
어떻게 도와줄까?	

이 름	
필요한 도움	
어떻게 도와줄까?	

먼저 내가 도움을 주고 싶은 사람은 누구인지 생각해보도록 합니다. 길을 갈 때 만나게 되는 할머니, 할아버지나 가깝게 사는 이웃, 그리고 나의 친한 친구들이 될 수 있겠지요.

아이들 스스로 생각해보고 도움을 주기로 결정해 보도록 인도해주세요. 실제로 아이들이 도움을 줄 수 있는 것이 중요하지만 그렇지 못하더라도 실천하기 위해 노력하는 모습을 격려해주시고 칭찬해 주시길 바랍니다.

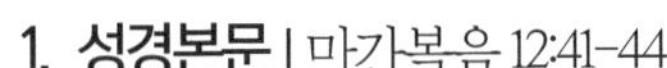

38과 가난한 과부의 두 렙돈

1. **성경본문** | 마가복음 12:41-44

2. **외울 말씀** | 그들은 다 그 풍족한 중에서 넣었거니와 이 과부는 그 가난한 중에서 자기의 모든 소유 곧 생활비 전부를 넣었느니라 하시니라 (마가복음 12장 44절)

3. **리더들의 외침** | 마음을 보시는 예수님!

4. **공과 주제** |
   1. 예수님의 계산법은 달라요.
   2. 우리의 마음을 보시는 예수님
   3. 정성을 드리는 어린이가 되어요.

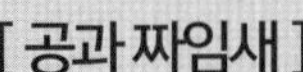

[공과 짜임새]

구분	시간	교사지침	준비물
1. 이야기 나누기	10분	예수님께 드리고 싶은 선물 생각해보기	성경책 필기도구 가위 칼 마분지 풀
2. 성경이야기 들려주세요	10분	부자와 가난한 자의 헌금에 대한 예수님의 가르침 배우기	
3. 말씀살피기	10분	헌금을 드리는 우리의 모습 다짐하기	
4. 활동하기	10분	헌금 저금통 만들기	

[이렇게 시작하세요]

오늘 한 과부의 헌금을 통해 하나님께 드리는 예물은 액수가 중요한 것이 아니라, 마음과 정성이 중요하다는 사실을 보여주고 있습니다. 이것이 오늘 말씀의 중요 포인트이지요.
먼저 우리 친구들이 평소 하나님께 드릴 헌금을 어떻게 준비하고 또한 어떤 마음가짐을 갖고 헌금을 하는지 돌아볼 필요가 있습니다. 아무 생각없이 헌금함에 돈을 넣거나 의무적으로 어쩔 수 없이 드리고 있는 것은 아닌지, 헌금이 좋은 곳에 쓰이기를 바라는 간절한 마음을 갖고 헌금을 하고 있는지 점검해보는 시간을 가져보시길 바랍니다.
이 시간을 통하여 우리 친구들이 헌금을 드리는 모습을 되돌아보도록 하고 또한 앞으로 헌금을 어떤 마음으로 드려야 하는지 생각해보는 시간이 되기를 바랍니다.

1. 이야기 나누기

만약 오늘 예수님을 만난다면, 내가 예수님께 드리고 싶은 선물은 무엇인가요?

가이드)

기독교 도서 <예수님과 함께한 식사>처럼 어느날 갑자기 예수님을 만난다면 우리는 얼마나 기쁠까요? 상상만 해도 가슴 벅차오르는 일일 것입니다. 그리고 우리는 그런 예수님을 위해 내가 생각하는 가장 귀하고 소중한 선물을 드릴 수 있겠지요. 친구들 각자가 예수님께 드리고 싶은 선물에 대해 생각해보고 나눠보도록 합시다. 그리고 그 선물을 고른 이유도 들어보세요. 여기서 중요한 것은 우리 친구들의 마음의 중심입니다.
그리고 친구들의 이야기를 들으시면서 세상적인 기준으로 선물의 가치를 판단하기보다 우리 친구들이 예수님을 사랑하는 마음에 대해 공감해주시고 격려해주시면서 우리 친구들의 마음 속에 예수님을 향한 진실된 마음을 칭찬해주시길 바랍니다.

2. 성경이야기 들려주세요

어느 날, 성전에서 성도들이 하나님께 드릴 예물을 헌금함에 넣고 있었어요.

그들 중에는 부자도 있었고 가난한 사람도 있었는데 그들은 모두 헌금을 드렸습니다. 부자들은 풍족한 가운데서 헌금을 드리고 가난한 자는 비록 적은 돈이지만 자신의 전부인 생활비를 헌금으로 드렸어요.

예수님은 그들이 헌금하는 것을 보시고, 제자들을 불러서 말씀하셨습니다.

"내가 진정으로 너희에게 말한다. 헌금함에 돈을 넣은 사람들 가운데, 이 가난한 과부가 어느 누구보다도 더 많이 넣었다. 모두 다 넉넉한 데서 얼마씩을 떼어 넣었지만, 이 과부는 가난한 가운데서 가진 것 모두 곧 자기 생활비 전부를 털어 넣었다." (막12:43-44/새번역)

이처럼 예수님은 헌금을 얼마나 많이 했나를 보시는 것이 아니라, 부자든 가난하든 어떤 마음으로 어떻게 헌금하는지를 보시는 분이십니다.

아무리 돈이 많아도 정성을 드려 헌금을 드리는 것이 아니라면 아무 소용이 없습니다. 하지만 적은 돈이라도 내가 쓸 것을 조금 덜 쓰고 아껴서 헌금을 따로 준비하여 예수님을 사랑하는 마음으로 예물을 드린다면 하나님께서 기쁘게 받아주시고 칭찬해 주실 거예요.

[확인하기]

아래 장면을 성경 이야기 들은 내용의 순서에 맞게 번호를 매겨 봅시다.

3. 말씀살피기

1. 오늘 말씀을 듣고 앞으로 어떤 마음으로 헌금을 드리고 싶은지 서로 이야기 해보고 하나님께 감사의 마음을 적어봅시다.

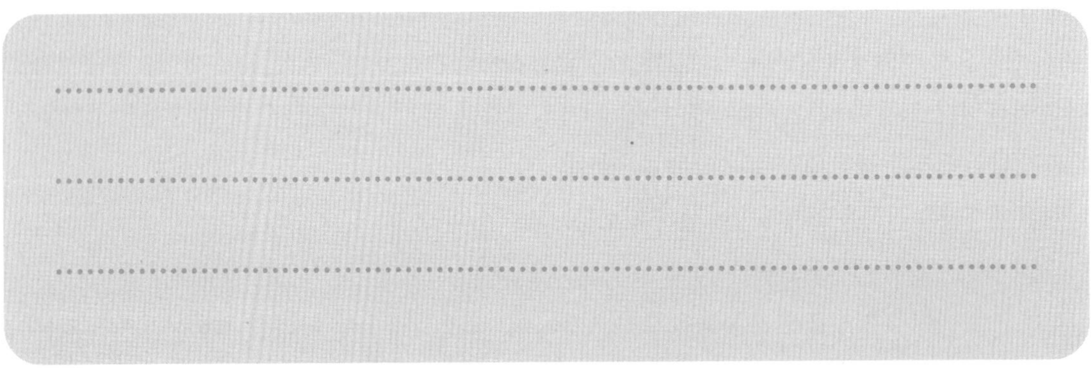

2. 오늘 말씀에서 예수님께서 말씀하시는, 부자와 가난한 과부의 헌금의 크기를 아래의 '부등호'를 선택하여 표시하세요.

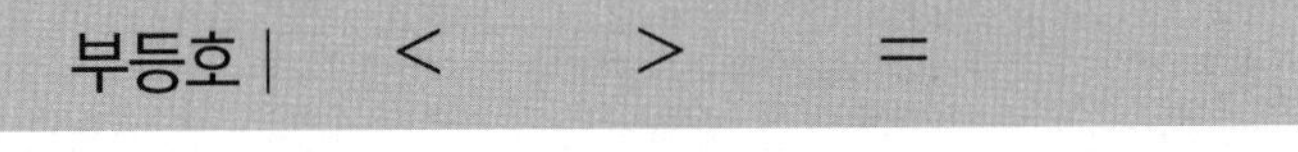

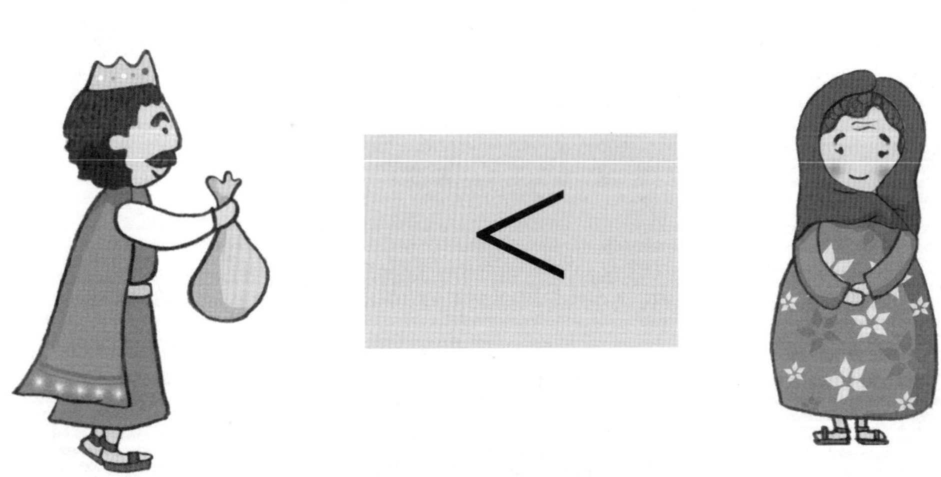

[말씀살피기 가이드]

[1번 문제] 앞으로 어떻게 헌금을 준비하고 어떤 마음가짐으로 헌금을 드릴 것인지를 생각해보고 토론하는 시간입니다. 오늘의 말씀을 바탕으로 간략히 헌금을 어떻게 해야 하는지 말씀해주시고 아이들이 생각할 시간을 준 후에 토론을 합니다. 추상적일 수 있으니 먼저 예시를 들어서 명확한 실천을 하도록 해주세요. 그저 돈을 내는 시간이 헌금시간이라는 틀에서 벗어나 정성과 마음을 드리는 것이 헌금이라는 것을 심어줍니다.

(예시- 용돈을 받으면 헌금부터 떼어놓는다, 하나님께 드릴 예물을 먼저 생각한다, 헌금을 드릴 때 예수님을 생각하며 드린다, 헌금이 하나님의 일을 하는 귀한 곳에 쓰일 수 있도록 기도한다 등)

[2번 문제] 중요한 것은 예수님의 계산법이라는 점입니다. 오늘 배운 내용을 바탕으로 문제를 풀어보도록 합시다.

[참고자료]

'렙돈'에 대해

렙돈은 그리스의 최소 단위 구리 동전(막 12:42)을 말합니다. 성경에서 '한 푼'(개역한글판에서는 '호리')으로도 번역되고 있습니다(눅 12:59). 중량 1.7g가량으로 앗사리온의 8분의 1, 고드란트의 2분의 1에 해당하는 가치의 동전입니다(막 12:42).

다시말해 렙돈은 현재 가치로 천원, 이천원 정도하는 적은 액수로 이해하면 될 것입니다.

예수님께서 지적하신 가난한 과부의 두 렙돈은 매우 적은 금액이었지만(막 12:42; 눅 21:2-4) 과부의 형편에서는 결코 작은 돈이 아니고 전부를 드린 것이기에 예수님은 우리가 헌금을 드릴 때 어떤 마음과 기준으로 드리는 것이 중요한지, 진정한 헌금의 가치가 무엇인지 설명하신 것입니다.

헌금의 가치

예수님께서는 '헌금은 물질이 많은 자가 많이 바치게 되는 것이며, 가난한 자가 적게 바치는 것은 당연한 것'이라고 언급하셨습니다. 즉, 이 말은 헌금은 정성과 희생적인 것이 되어야만 하는 것이므로 과부의 두 렙돈은 '모든 사람보다 많이 넣었도다'(43절)라는 예수님의 말을 듣게 됩니다. 풍족한 가운데서 많이 하는 헌금보다 없는 중에도 정성을 들여 하는 헌금이 크다는 예수님의 지혜를 배울 수 있는 말씀입니다.

또한, 본 장은 가난한 중에서도 자신의 전부를 드린 과부의 정성과 희생을 칭찬하시면서 당시의 지도자들에 대한 경고와 질책을 보여주고 있습니다. 헌금의 가장 큰 가치는 액수가 아니라 정성입니다.

{으쌰으쌰~활동해요}

아이들이 재미있게 오리고 붙이며 헌금저금통을 만들어보도록 도와주세요. 단, 칼을 사용해야 하는 부분은 안전을 위해 선생님께서 도와주시길 바랍니다. 헌금저금통을 만든 후에는 헌금의 많고 적음에 상관없이 오늘 배운 말씀처럼 마음과 정성을 다해 헌금을 모아볼 수 있도록 인도해주시길 바랍니다.

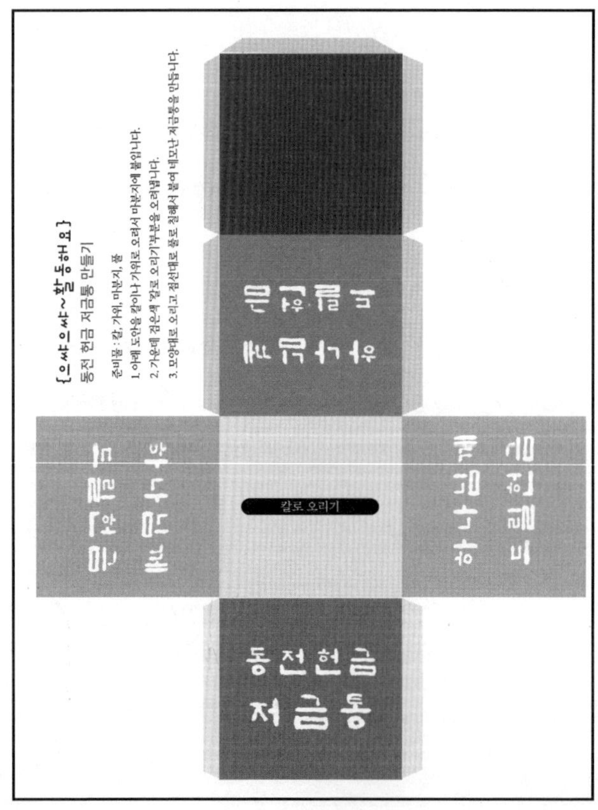

39과 예루살렘에 입성하시는 왕 예수님

1. 성경본문 | 누가복음 19:28-40

2. 외울 말씀 | 찬송하리로다 주의 이름으로 오시는 왕이여 하늘에는 평화요 가장 높은 곳에는 영광이로다 하니 (누가복음 19장 38절)

3. 리더들의 외침 | 하늘에는 평화, 가장 높은 곳에는 영광!

4. 공과 주제 |

1. 예수님께서 예루살렘에 입성하셨다.
2. 주의 이름으로 오시는 우리의 왕 예수님

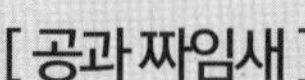

[공과 짜임새]

구분	시간	교사지침	준비물
1. 이야기 나누기	10분	내가 느낀 하나님의 사랑 나누기	성경책 필기도구
2. 성경이야기 들려주세요	10분	예수님께서 예루살렘에 입성하신 이야기 들려주기	
3. 말씀살피기	10분	오늘의 외울말씀을 기억하며 예수님이 예루살렘에 입성하실 때 탄 동물 생각해보기	
4. 활동하기	10분	'학교종' 곡조에 맞춰 가사 만들기	

[이렇게 시작하세요]

하나님께서는 우리를 너무도 사랑하셔서 예수님을 세상에 보내셨습니다. 그리고 우리 죄를 대신 지시고 구원의 길로 인도하셨습니다. 오늘 예수님께서 나귀를 타시고 예루살렘에 입성하시는 장면은 십자가와 고난을 짊어지실 귀한 사역의 시작점이 되는 사건입니다.
나귀를 타시고 예루살렘 성에 들어오실 때 사람들은 종려나무가지를 들고 환호했지만, 예수님께서 잡히시게 되자 그들은 예수님의 대적자들로 돌아서게 됩니다.
오늘은 예수님이 이 세상에 오셔서 어떻게 예루살렘으로 입성하셨는지 알아보는 시간을 가지게 됩니다. 아이들에게 예루살렘 입성의 사건을 설명해주시고 그뒤에 있을 고난과 십자가에 달려 죽으시는 과정을 잘 이해시켜주시기 바랍니다. 예수님의 고난과 십자가의 죽으심은 우리 죄를 용서하시기 위한 하나님의 놀라운 계획임을 알려주세요.

1. 이야기 나누기

하나님이 나를 사랑하신다는 것을 느낀 적이 있나요? 있다면 언제였는지 이야기해보고 반대로 아직 하나님이 나를 사랑하신다는 것을 믿지 못하겠다면 그 이유는 무엇인지 이야기해봅시다.

가이드)

하나님은 우리 한 사람, 한 사람을 사랑하십니다. 그리고 나를 사랑하셔서 독생자 예수님을 이 땅에 보내셨습니다. 그러나 우리는 이것을 잊고 지낼 때가 얼마나 많은지 모릅니다. 그래서 우리에게 삶의 어려움이 닥치면 하나님은 날 사랑하지 않으신다고 원망할 때도 있지요. 그러나 이것은 옳지 않습니다. 우리가 숨을 쉬며 살아갈 수 있는 것, 우리가 예수님을 알고 그분을 나의 구세주로 믿을 수 있는 것. 이것이 하나님께서 나를 사랑하신다는 증거이지요. 그런 하나님의 사랑을 느꼈던 친구가 있다면 나눌 수 있도록 인도해주세요. 나눔을 통해 하나님의 사랑이 주변 친구들에게도 흘러가 더 큰 은혜가 될 것입니다.
반대로 아직 하나님이 나를 사랑하신다는 것을 믿지 못한다거나 느껴지지 않는다는 친구가 있다면 그 친구의 나눔도 진지하게 들어주시길 바랍니다. 이는 잘못된 것이 아니라 우리가 사랑으로 함께 품으며 기도해야 할 기도제목이기 때문입니다. 이야기를 들어주신 후에 우리 친구들이 주님의 사랑을 깨닫고 주님 앞에 더욱 가까이 나아갈 수 있도록 기도하는 시간을 가져주시길 바랍니다.

2. 성경이야기 들려주세요

예수님께서 예루살렘을 향하여 가실 때였어요. 예수님께서는 두 제자를 불러 반대편 마을로 가서 아직 아무도 타보지 못한 매여 있는 나귀 새끼 한 마리를 풀어서 끌고 오라고 하셨어요. 그리고 만일 누가 와서 '왜 나귀를 푸느냐'고 물어보면 주가 쓰시겠다고 하라고 말씀하셨습니다.

두 제자들은 그 길로 즉시 행동을 옮겨 어린 나귀를 풀고 있었는데 그때 나귀 주인이 와서 '왜 나귀를 풉니까?' 라고 말했어요. 그랬더니 제자들은 아까 예수님이 알려주신 대로 '주께서 쓰실 것입니다.' 라고 말했고 나귀 새끼를 데려왔습니다. 그렇다면 어떻게 나귀의 주인들이 그냥 내어줄 수 있었을까요? 그것에는 마땅한 이유가 있어요. 시편 50편 10-11절에 보면, 모든 짐승이 다 예수님의 것이며 모든 동물을 다 알고 있고 모두 예수님 품 안에 있다고 하셨어요.

제자들은 그렇게 해서 데리고 온 나귀 위에 자신들의 겉옷을 벗어서 걸쳐놓고 예수님을 태워드렸습니다. 또한 길에도 겉옷을 깔아놓았어요.

예수님께서 감람산이라는 곳 내리막길에 가까이 오셨을 때, 제자들이 모두 기뻐하며 자신들이 본 기적들로 인해 "찬송하리로다 주의 이름으로 오시는 왕이여 하늘에는 평화요 가장 높은 곳에는 영광이로다" 라며 큰 소리로 하나님을 찬양했어요. 그런데 그때 이 모습을 보고 무리 중에 어떤 바리새인들이 제자들을 꾸짖어달라고 예수님께 말했습니다. 그러자 예수님께서는 만일 제자들이 침묵한다면 돌들이 소리를 지를 것이라고 하셨어요. 이것은 사람들이 잠잠하다고 해서, 찬양을 안 한다고 해서 찬양을 안 받는 분이 아니라, 사람들이 찬양을 안 한다 해도 돌들이 소리를 질러 찬양을 받으신다는 거예요.

하나님은 찬양받기에 합당하신 분이기 때문입니다. 우리를 지으시고 또 우리를 구원하시려고 독생자 그리스도를 이 세상에 보내시고 늘 우리와 함께하시는 하나님을 어찌 찬양하지 않을 수 있을까요? 예수님의 희생에 감사하며 하나님을 찬양함이 마땅합니다.

[확인하기]

아래 장면을 성경 이야기 들은 내용의 순서에 맞게 번호를 매겨 봅시다.

3. 말씀살피기

1. 왼편에 흩어진 글자를 조합하여 문장을 만들어 오른편 박스에 기록해봅시다.
힌트) 오늘 외울말씀

이	여	오	피	름
는	의	시	로	흥
왕	이	하	리	다
말	송	도	주	로
찬	다	안	으	된

찬송하리로다

주의 이름으로

오시는 이여

2. 예수님께서 예루살렘을 입성하실 때 탄 동물의 이름은 무엇인가요?
맞는 동물에 동그라미를 쳐봅시다.

① 고릴라

② 나귀

③ 백곰

④ 기린

[말씀살피기 가이드]

[1번 문제] 오늘의 외울말씀을 잘 기억하고 있다면 쉽게 풀 수 있는 문제입니다. 외울말씀이 기억나지 않는 친구들이 있다면 공과 시작하는 부분으로 돌아가 살펴보고 답을 찾아보도록 해주세요. 문제를 풀되 아이들이 모르는 것은 함께 찾아보는 것이 좋습니다. 여기서 중요한 것은 어떤 말씀인지 알고 깨닫는 것이며 답을 맞추고 못 마추고의 문제가 아닙니다.

[2번 문제] 쉬운 문제이나 중요한 문제입니다. '우리의 왕으로 오시는 이'라는 하나님의 말씀을 성취하기 위해 '나귀 타고 오시는 예수님'이라는 것을 강조하는 문제입니다.

[참고자료]

나귀 새끼를 타고 성스러운 길로 나아가신 예수님

예수님께서 예루살렘에 입성하실 때, 벳바게와 베다니에 가까이 이르러서 제자들에게 맞은편 마을로 보내어 매어 있는 나귀의 새끼를 끌어오게 하셨습니다. 이는 예수님 자신이 구약에 예언된 메시아임을 철저하게 증거를 보이신 것입니다. 그리고 하나님의 모든 말씀이 온전히 성취됨을 보여주는 것입니다. 어린 나귀에 탄 예수님의 모습은 초라해보였을지 몰라도, 그가 나아가시는 길은 인류를 구원하기 위해 십자가로 가는 성스러운 길이었습니다. 그분은 전쟁의 영웅으로 예루살렘에 입성하신 것이 아니라 평화의 왕으로 예루살렘에 들어가신 것입니다(사9:6).

예수님의 고난의 행적

보통 예수님께서 나귀를 타시고 예루살렘에 입성하신 날을 종려주일로 부릅니다. 우리는 이 날을 종려주일로 지키게 되고 종려주일은 곧 예수님께서 십자가를 지시는 고난주간의 시작을 의미합니다. 아래의 내용은 예수님의 고난의 행적을 일별로 정리한 것입니다.

금요일 베다니에 오심 (눅 11:55-12:1; 요 12:1)
토요일 나병환자 시몬의 집에서 발에 기름 부음을 받으심 (마 26:6-13; 막 14:3-9; 요 12:2-8)
주일 예루살렘 입성 (마 21:1-9; 막 11:1-10; 눅 19:29-44; 요 12:12-19)
월요일 성전을 정결케 하심,무화과나무 저주 사건

(마 21:12-13; 막 11:15-19; 눅 19:45-48, 마 21:19-22; 막 11:20-26)

화요일 각종 비유를 가르치고, 논쟁하심, 가룟 유다의 변심

(마 21-25장; 막 12-14장; 눅 20-22, 마 26:14-16; 막 14:10-11; 눅 22:3-6)

수요일 (기사 없음)

목요일 최후의 만찬, 겟세마네 기도

(마 26:20; 막 14:17; 눅 22:14-18; 요 13:1, 마 26:36-46; 막 14:32-43; 눅 22:40-46; 요 18:1)

금요일 체포되어 대제사장과 로마 총독, 앞에서 심문받으심, 골고다 십자가에서 죽으심, 무덤에 장사되심 (마 26:47-27:30; 막 14:32-15:19; 눅 22:47-23:25;요 18:2-19:16, 마 27:31-56; 막 15:20-41; 눅 23:26-49; 요 19:17-37, 마 27:57-61; 막 15:42-47; 눅 23:50-56; 요 19:38-42)

토요일 무덤에 머물러 계심

주 일 사망 권세를 깨뜨리고 부활하심 (마 28:1-13; 막 16:1-20; 눅 24:1-49; 요 20:1-31)

{으쌰으쌰~활동해요}

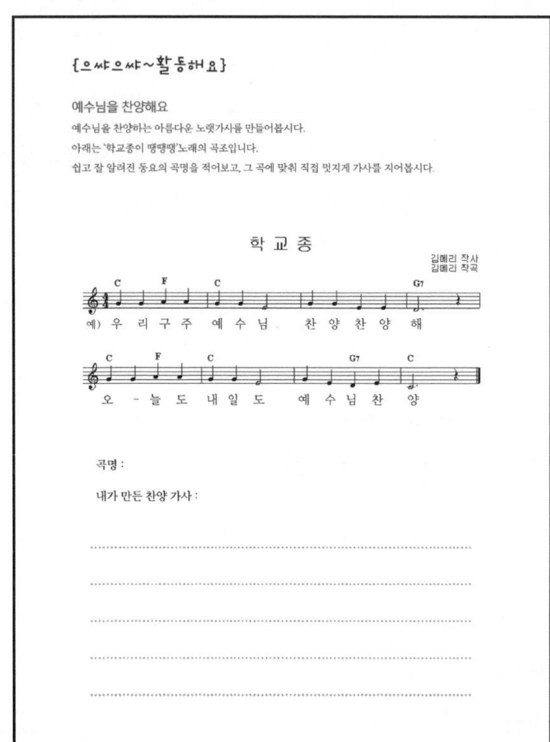

{으쌰으쌰~활동해요}

예수님을 찬양해요

예수님을 찬양하는 아름다운 노랫가사를 만들어봅시다.
아래는 '학교종이 땡땡땡'노래의 곡조입니다.
쉽고 잘 알려진 동요의 곡명을 적어보고, 그 곡에 맞춰 직접 멋지게 가사를 지어봅시다.

학 교 종

김메리 작사
김메리 작곡

곡명 :

내가 만든 찬양 가사 :

멜로디가 아주 쉽고 유명한 노래이지만 이 노래가 생소한 아이들이 있을 수 있으니 먼저 '학교종' 노래의 곡조를 들려주시거나 선생님께서 직접 불러주시면서 아이들이 곡조에 익숙해지도록 도와주세요. 그후에 아이들이 각자 멋진 가사를 지은 후에는 직접 발표해보면서 즐거운 나눔시간이 되길 바랍니다.

40과 내게 있는 향유 옥합

1. **성경본문** | 누가복음 7:36-50 참고, 마태복음 26:6~12
2. **외울 말씀** | 예수께서 여자에게 이르시되 네 믿음이 너를 구원하였으니 평안히 가라 하시니라 (누가복음 7장 50절)

3. **리더들의 외침** | 복음이 전파되는 곳마다 기억되는 어린이가 되자!

4. **공과 주제** |
   1. 값진 옥합을 깨뜨려 예수님께 부은 여인의 헌신을 배워요.
   2. 온 세상에 복음이 전파되는 곳마다 기억되는 사람이 되어요.

[공과 짜임새]

구분	시간	교사지침	준비물
1. 이야기 나누기	10분	나에게 가장 소중한 것 생각해보기	성경책 필기도구 크레파스 색연필
2. 성경이야기 들려주세요	10분	예수님께 향유를 부은 여인과 예수님께서 하신 말씀 알아보기	
3. 말씀살피기	10분	내가 주님께 드리고 싶은 것 생각해보기	
4. 활동하기	10분	색칠하기	

[이렇게 시작하세요]

자신의 가장 귀한 것을 아낌없이 드린 여인의 순종은 모든 신앙인들의 귀감이 됩니다. 나는 옳은 일을 했는데 다른 사람들이 그것을 좋지 않게 이야기 하는 건 참 속상한 일이죠. 그래도 우리는 남에게 보이기위해 드러내는 일 보다 남에에 유익을 끼칠 옳은 일을 해야 합니다.
다른 사람들이 뭐라고 하든지 예수님의 가르침을 따르고 자신의 양심에 맡겼을 때 옳은 일이라고 한다면 그 뜻을 굽히지 않고 올바른 일을 해야 하지요.
성경에도 예수님만을 위해 아주 귀한 일을 했을 뿐인데 그 일을 옳지 못하다고 이야기하는 자들이 많이 있었습니다. 그렇지만 그런 말에도 아랑곳하지 않고 예수님만을 생각하여 행동했을 때, 예수님은 그 사람에게 의미 있는 말씀을 하셨습니다.
오늘의 말씀에 아낌없이 값비싼 향유 옥합을 주님께 깨뜨려 헌신한 여인의 이야기를 통해 이 여인이 왜 예수님께 향유 옥합을 부어드렸는지, 그런 그녀의 행동은 어떤 의미가 있는지, 또한 예수님은 여인에게 어떤 칭찬을 하셨는지 정확하게 가르쳐주시기 바랍니다. 또한 하나님 보시기에 가장 가치있는 일이 무엇이고, 그것을 위해 무엇을 할 수 있을지 생각해보도록 합시다.

1. 이야기 나누기

나에게 가장 가치있고 소중한 것은 무엇이고 나는 그것을 지키기 위해 어떤 노력을 하고 있나요?

가이드)

나에게 가장 가치있고 소중한 것은 각자 모두 다를 것입니다. 사람, 물건이 될 수도 있고 목표로 하는 좌우명이 될 수도 있지요. 그것을 지키기 위해 우리 친구들이 하고 있는 노력은 무엇인지 나눠보도록 합시다.
소중한 사람을 위해 함께 시간을 보내거나 아끼는 물건을 위해 소중하게 보관하는 것, 혹은 목표로 하는 좌우명을 위해 열심히 공부하는 것등 말입니다. 또한 이외에도 친구들의 생각은 다양할 것입니다. 다양한 의견을 들어보시면서 오늘 배울 여인이 한 행동은 무엇 때문이고 그 여인에게 가장 소중한 것은 무엇이었을지 생각해보도록 합시다.

2. 성경이야기 들려주세요

이스라엘 백성들의 최대 명절인 유월절과 무교절 이틀 전이었어요. 대제사장들과 율법학자들은 '어떻게 속임수를 써서 예수를 붙잡아 죽일까' 하고 궁리하고 있었습니다. 그리고 그들은 백성들이 소동을 일으키면 안 되니 명절에는 하지 말자고 의견을 모을 때였어요.

예수님이 베다니에서 나병 환자였던 시몬의 집에 머무실 때에 음식을 드시고 계셨는데, 어떤 한 여자가 매우 값진 순수한 나드 향유 한 옥합을 가지고 와서 그 옥합을 깨뜨리고 향유를 예수의 다리에 부었습니다. 향유는 그 자체에 향기가 나는 기름이에요. 성경은 그것이 매우 값지다고 표현하고 있습니다.

그런데 그것을 보고 몇몇 사람들이 화를 내면서 그것에 대해 말했습니다. 그 이유는 이 향유를 삼백 데나리온 이상에 팔아 가난한 사람들에게 나누어 줄 수도 있었는데 그렇게 하기는커녕 오히려 그것을 허비했다고 생각했기 때문이에요. 그런데 예수님께서는 오히려 그 여인의 편에 서서 말씀하셨습니다.

"가만두어라. 왜 그 여인을 괴롭히느냐! 그는 나에게 좋은 일을 했다"

그리고 가난한 자들은 항상 그들 곁에 있으니 언제든지 도와줄 수 있지만 예수님 자신은 항상 함께 있지 않다고 말씀하셨어요. 예수님은 곧 잡혀가실 것을 알았기 때문이에요.

그래서 그 여자는 예수님을 위하여 자신이 할 수 있는 온 힘을 다해 예수님의 몸에 향유를 부어서 예수님의 장례를 미리 준비한 것이라고 말씀하셨어요. 또한 예수님을 위하여 자신이 할 수 있는 정성을 모두 드린 여인에게 온 세상 어디든지, 복음이 전파되는 곳마다 이 여인이 한 일도 전해져서 사람들이 이 여인을 기억하게 될 것이라고 하셨어요.

우리는 우리가 드린다고 생각하지만 사실은 우리가 예수님께 받는 것이 더 많아요. 그리고 모두가 잘못된 일이라고 말할 때에 옥합을 깨뜨린 그 여인만이 예수님께 귀한 향유를 쏟아 부었어요. 우리 친구들이 얼마나 정성을 드리는지 예수님께서는 다 알고 계세요. 마음과 정성을 다해 예수님을 위하는 어린이가 되어요.

[확인하기]

아래 장면을 성경 이야기 들은 내용의 순서에 맞게 번호를 매겨 봅시다.

3. 말씀살피기

1. 귀한 향유 옥합을 아낌없이 예수님께 드린 여인처럼 나는 예수님께 무엇을 드리고 싶은가요? 기록해 봅시다.

2. 여인이 향유를 허비했다고 화를 내며 말하는 사람들을 향해 예수님께서 하신 말씀이 아닌 것을 모두 고르세요.

① 너희들의 말이 옳다. 이 여인은 향유를 허비하였다.

② 가만 두어라! 왜 그 여인을 괴롭히느냐! 그는 나에게 좋은 일을 했다.

③ 복음이 전파되는 곳마다 여인이 한 일이 전해질 것이다.

④ 사람들이 이 여인을 기억할 것이다.

⑤ 이 향유를 삼백 데나리온에 팔아라!

[말씀살피기 가이드]

[1번 문제] 여인은 귀한 향유 옥합을 아낌없이 예수님께 부었습니다. 그리고 그것을 본 사람들은 옳지 않게 여겨 그 여인을 향해 손가락질을 했지만 예수님께서는 여인에게 칭찬하셨습니다. 비록 사람들이 잘못된 시선으로 손가락질을 할지라도 예수님께 드리고 싶은, 아깝지 않은 것이 있다면 무엇인지 서로 나누어 보는 시간을 갖습니다.

[2번 문제] 옥합을 깨뜨려 매우 귀한 향유를 예수님의 머리에 부은 여인에게 예수님께서 하신 중요한 말씀입니다. 한 번 더 이야기를 들려주시고 맞히도록 하는 것도 좋습니다.

[참고자료]

예수님께 향유를 부은 마리아는 어떤 마리아인가?
성경에는 요한이나 빌립 처럼 동명이인의 인물들이 많습니다. 여성 이름중엔 단연 마리아라는 이름이 많이 나옵니다. 예수님의 육신의 어머니도 마리아였습니다.
오늘 본문에 예수님께 향유옥합을 깨뜨려 부은 여인은 어떤 마리아 일까요?
모든 학자들은 막달라 마리아로 보고 있습니다. 막달라 마리아는 갈릴리 서쪽 막달라 출신으로 '일곱 악령(귀신)'에 시달리다가 예수에 의해 고침받았고 그후 예수님을 영접합니다(눅 8:2). 그녀는 이후 십자가에 못박힌 예수의 죽음을 지켜보기도 하였고(마태 27:56), 예수님의 시체에 향유를 바르기위해 무덤을 찾아왔다가(눅 23:55) 예수님의 부활을 최초로 목격한 여인중에 한명이기도 했습니다.

예수그리스도께서는 여인이 행한 일을 모든 시대의 사람들에게 칭찬하신 것이다
예수님께서는 값비싼 향유를 주께 부은 여인의 일을 복음이 전파되는 모든 곳마다 전해질 것이며, 그 여인을 기억하게 될 것이라고 말씀하셨습니다. 이 말씀은 곧 모든 시대의 사람들에게 칭찬을 한 것입니다. 시대는 다르지만, 여인의 일이 계속 전파되고 많은 그리스도인들은 이 여인을 본받아 예수님께 행하고 또한 여인의 일을 계속 전하며 본받기를 소망합니다. 이처럼 예수님께서는 모든 시대의 사람들에게 여인을 통해 그리스도의 올바른 모습을 전하고자 하신 것입니다.

{으쌰으쌰~활동해요}

오늘 말씀을 정리해보면서 아이들이 재미있게 색칠할 수 있도록 인도해주시길 바랍니다.

4과 제자들의 배반

1. **성경본문** | 마태복음 26:14-75

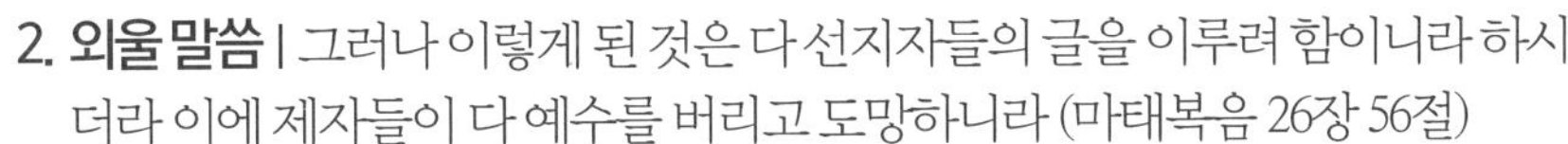

2. **외울 말씀** | 그러나 이렇게 된 것은 다 선지자들의 글을 이루려 함이니라 하시더라 이에 제자들이 다 예수를 버리고 도망하니라 (마태복음 26장 56절)

3. **리더들의 외침** | 예수님을 신실하게 따르는 어린이가 되자!

4. **공과 주제** |
   1. 제자들의 배반을 예고하셨어요.
   2. 선지자들의 글을 이루기 위함이라고 하셨어요.
   3. 언제나 예수님과 함께하는 어린이가 되어요!

[공과 짜임새]

구분	시간	교사지침	준비물
1. 이야기 나누기	10분	내가 느낀 배신감에 대한 감정 나누기	성경책 필기도구 라벨지 가위 풀
2. 성경이야기 들려주세요	10분	가룟 유다가 배반한 이유와 배반한 모습 살펴보기	
3. 말씀살피기	10분	예수님의 속마음 생각해보기	
4. 활동하기	10분	'예수님과 꼭 붙어있기' 만들기	

[이렇게 시작하세요]

믿었던 친구에게 배신당했다면 어떤 기분이 들까요? 그것도 가장 절친한 친구에게서 배신을 당했다면 그 슬픔과 아픔은 상상했던 것보다 더 클 것입니다.

그런데 예수님의 제자 가룟유다가 예수님을 배반했습니다. 돈 때문에 예수님을 종교지도자들에게 넘긴 것입니다. 오늘 공과를 통해 가룟유다가 왜 예수님을 배반했는지, 배반의 결과는 어떠했는지 알려주시길 바랍니다.

한편, 모든 것을 알고 계셨던 예수님은 그럼에도 제자들과의 마지막 만찬에서 떡을 들어 축복하시고 잔을 들어 감사기도를 하셨습니다. 그리고 제자들에게 떡을 떼어주시며 예수님의 몸이니 먹으라고 하셨고 또한 잔을 주시며 이것은 예수님께서 많은 사람의 죄를 없애기 위하여 흘리는 피라고 하시며 마시라고 하셨습니다. 예수님의 사랑의 나눔과 교제는 변함없으셨습니다.

가룟유다의 배반의 내용과 함께 모든 것을 알고 계셨던 예수님의 마음은 어떠하셨을지 아이들과 헤아려보는 시간을 가져보도록 합시다.

1. 이야기 나누기

친한친구에게 배신감을 느꼈던 적이 있나요? 있다면 어떨 때 그랬었는지 함께 나눠봅시다.

가이드)

배신이라는 말이 무겁게 느껴져서 우리 친구들이 생각하는데 어려움을 느낄 수도 있습니다. 그럴 때는 배신이라는 말을 '거부감'이나 '서운함'이라는 말로 바꿔서 설명해주세요. 그리고 친한친구에게 거부감이나 서운함을 느꼈던 적이 있는지 생각해보고 나눠보도록 합시다.

친구사이에는 아무리 친해도 가끔 사소한 오해나 다툼이 있을 수 있습니다. 예를 들면, 나의 비밀을 다른 친구에게 말했거나 믿었던 친구가 나보다 다른 친구와 친하게 지내며 나를 멀리할 때 등과 같은 경우이겠지요.

지금 이 시기의 아이들은 친구라는 존재가 삶의 영역에서 많은 부분을 차지하고 친구들와 공동체를 이루어 활동하기 때문에 아마 많은 의견들이 나올 수 있을 것입니다. 아이들의 의견을 들어주시면서 아이들에게 오늘 배운 제자들의 배반에 대해 간단히 예고해주시면 오늘 말씀을 더욱 집중해서 들을 수 있을 것입니다.

2. 성경이야기 들려주세요

예수님의 12제자 중에는 '가룟 유다'라는 사람이 있었어요. 그는 몰래 종교지도자들을 찾아가서 은 30을 받고 예수님을 넘겨주기로 약속을 하게 되지요. 무교절 첫날에 제자들은 유월절을 준비한 후 예수님과 함께 한자리에 모여 식사를 했습니다. 그때 예수님께서는 제자들에게, "너희 중 한 사람이 나를 팔 것이다" 라고 말씀하셨어요. 가룟 유다는 물론 제자들은 모두 자신은 아닐 거라고 믿었어요. 하지만 예수님은 제자들의 배반을 알고 계셨습니다.

예수님께서는 떡을 들어 축복하시고 잔을 들어 감사기도를 하셨어요. 그리고 제자들에게 떡을 떼어주시며 예수님의 몸이니 먹으라고 하셨어요. 또한 잔을 주시며 이것은 예수님께서 많은 사람의 죄를 없애기 위하여 흘리는 피라고 하시며 마시라고 하셨고 함께 찬미한 후 감람산으로 갔습니다.

예수님께서는 제자들이 예수님을 부인할 것이라고 말씀하셨어요. 그리고 살아난 후에 제자들보다 먼저 갈릴리로 갈 것이라고 하셨습니다. 이에 베드로는 모두가 주를 버릴지라도 자신은 결코 버리지 않겠다고 했지만 예수님은 베드로에게 "오늘 밤 닭이 울기 전에 네가 나를 세 번 부인할 것이다" 라고 말씀하셨어요. 그리고 예수님은 겟세마네 동산에서 기도하셨어요.

예수님은 몹시 슬퍼하고 괴로워하셨어요. 그리고 한참을 기도하신 후 예수님을 팔려는 자가 가까이 왔다고 말씀하셨는데, 그때 가룟 유다와 종교지도자들이 나타나 예수님을 잡아가려고 했습니다.

예수님께서 잡히시자 모든 제자들은 예수님을 버리고 도망쳤어요. 그리고 예수님께서 예고하셨던 대로 베드로는 예수님을 세 번 부인했고 그때 닭이 울었어요. 후에 베드로는 예수님께서 하신 말씀이 생각나서 심히 통곡했습니다. 그러나 예수님께서는 이렇게 된 것이 다 선지자들의 글을 이루기 위함이라고 말씀하셨어요. 예수님께서 이 세상에 오셔서 우리를 위해 희생하셔야만 하나님의 뜻을 이룰 수 있기 때문이에요.

[확인하기]

아래 장면을 성경 이야기 들은 내용의 순서에 맞게 번호를 매겨 봅시다.

3. 말씀살피기

1. 예수님은 가룟유다가 배반할 것을 아시면서도 정성껏 발을 씻겨주셨어요. 그때 예수님의 속마음은 어떠셨을까요? 20자 내외로 예수님의 속마음이 어떠했을지 말풍선에 기록해 봅시다.

2. 다음 글의 ○ 안에 들어갈 알맞은 말을 넣어보세요.

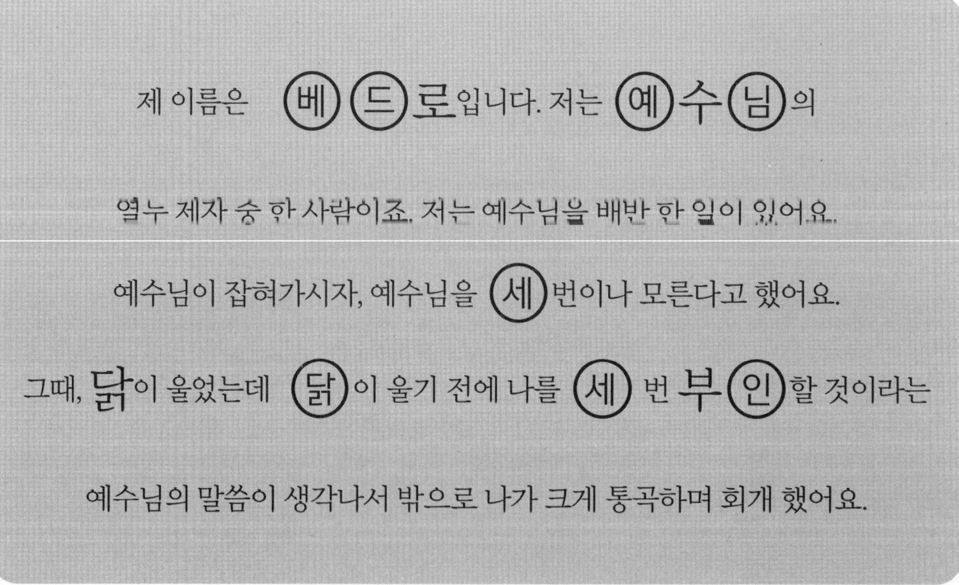

[말씀살피기 가이드]

[1번 문제] 예수님께서는 제자들이 배반할 것을 알고 계셨지만, 그들과 함께 먹고 마시며 기도의 자리에 함께 계셨습니다. 예수님이 제자들의 배신으로 인해 그들을 '미워했다'는 구절은 어디에서도 찾아볼 수 없습니다. 다만 그 상황이 심히 괴로워서 하나님께 기도를 드릴 뿐이었습니다. 정해진 답은 없지만, 결국 이 사건이 의미하는 중요한 점은 선지자들의 글을 이루기 위해 예수님께서 그 모든 것을 감수하셨다는 점입니다.

[2번 문제] 마태복음 26장 33-35절과 69-75절 참고하여 설명해주시고, 이후에 예수님께서 다시 제자들에게 나타나셔서 함께 하셨다는 것도 알려주세요.

[참고자료]

예수님을 배신한 가룟유다

유다는 주님을 위하여 복음을 전도하러 다니기도 했으며 귀신을 내쫓기도 하였습니다(눅 10:17-20). 유다를 열두 제자의 회계로 택한 것은 동료들이 그를 상당히 신임하였음을 말해주고 있습니다(요 12:6). 그는 동료들 전원의 동의를 받아서 돈을 가방에 챙기고 지불하는 책임을 맡았기 때문입니다. 사실 전문 세리가 제자들 안에 있었습니다. 바로 마태입니다. 그런 전문가가 있었음에도 굳이 유다를 회개로 삼은 것으로 보아 제자들이 그를 얼마나 신임하고 있는지를 단적으로 보여주는 예일 것입니다. 제자로 출발할 때에 그는 신중하고 정직했으며 유능하고 실질적인 사람이었습니다. 그러나 돈에 눈이 어두웠습니다. 그리고 그의 인생은 참으로 비참한 자살로 끝을 맺었습니다. 예수께서는 유다에게 "인자는 자기에게 대하여 기록된 대로 가거니와 인자를 파는 그 사람에게는 화가 있으리로다 그 사람은 차라리 나지 아니하였더면 좋을 뻔하였느니라"(막 14:21)고 말씀하셨습니다. 유다를 타락하게 만든 요인은 무엇이었을까요?
그것은 예수님에 대한 기대가 자신과 맞지 않았다고 생각했기 때문입니다. 그는 메시야가 로마로부터 이스라엘을 구하고 통치할 것을 기대했습니다. 그리고 예수님의 사명에 대한 자신의 생각이 너무도 거리가 먼 것임을 깨달았습니다. 또한 유다는 탐욕 때문에 무너졌습니다.
유다는 비싼 향유를 예수께 바르는 마리아의 행동에 대하여 "이 향유를 삼백 데나리온에 팔아 가난한 자들에게 어찌하여 주지 않느냐?"고 비난했습니다.
요한은 "이렇게 말함은 가난한 자들을 생각함이 아니오 저는 도적이라 돈궤를 맡고 거기 넣는 것을 훔쳐감이러라"고 유다에 대하여 지적하였습니다. 또한 유다는 자기의 마음을 다스리지 못했습니다. 가룟 유다가 주님을 팔기까지의 과정을 보면 우리가 죄를 지을 때의 과정과 같다는 것을 알게 됩니다(요13:2). "마귀가 벌써 시몬의 아들 가룟 유다의 마음에 예수를 팔려는 생각을 넣었더니"라고 기록한 것을 보면 먼저 마귀는 우리의 마음에 생각을 집어넣습니다. 또한 유다는 돌이킬 수 없는 결론을 내려버렸습니다. 자책으로 인한 자살로 생을 마감했던 것입니다.

또 다른 배신 베드로의 부인

어떠한 일이 있더라도 예수를 부인하지 않겠다고 단언하던(33절) 베드로는 막상 생명이 위협당하는 상황에서 자신의 약속을 파기하고 말았습니다. 이것은 결국 하나님의 뜻대로 사는 일이 인간적 혈기나 능력으로서가 아니라 오직 성령의 충만하신 임재의 능력으로만 가능하다는 사실을 시사해주고 있습니다. 베드로는 닭 울음소리를 듣고 예수님의 말씀(34절)이 생각나 바로 통곡하며 회개했습니다. 닭 울음소리에 자신의 나약함을 발견한 베드로를 통하여, 비록 유혹을 받는다 할지라도 우리의 영혼 속에 하나님의 은총의 원리가 살아있으면 하나님은 그 원리를 통해 다시금 하나님 곁으로 돌아오게 해주신다는 사실을 암시해 주고 있습니다. 또한 누가복음에 의하면, 닭이 우는 그 순간 베드로는 예수님과 눈이 마주쳐 불현 듯 예수님의 경고가 생각났다고 나와 있습니다(눅22:81). 이것은 결국 자신의 생명이 다하는 순간까지도 연약한 제자의 형편을 돌아보시고 연민의 정을 쏟아주시는 예수님의 초월적인 사랑을 나타냅니다.

{으쌰으쌰~활동해요}

아이들이 예수님과 함께 있는 그림의 스티커를 만들어보고 붙이고 싶은 곳에 붙여보면서 오늘 배운 말씀을 정리해보고 예수님과 언제나 함께 하기를 다짐하는 시간이 되길 바랍니다.

42과 십자가를 지신 예수님

1. **성경본문** | 마가복음 15:1-39

2. **외울 말씀** | 예수를 향하여 섰던 백부장이 그렇게 숨지심을 보고 이르되 이 사람은 진실로 하나님의 아들이었도다 하더라 (마가복음 15장 39절)

3. **리더들의 외침** | 십자가의 예수님을 기억하며 감사하자!

4. **공과 주제** |
   1. 예수님은 온갖 조롱과 멸시를 견디시고 십자가를 지셨어요.
   2. 아무런 죄가 없으신 예수님은 우리를 위해 십자가에서 희생하셨어요.
   3. 예수님은 하나님의 아들이에요.

[공과 짜임새]

구분	시간	교사지침	준비물
1. 이야기 나누기	10분	나에게 고마운 사람 생각해보기	성경책 필기도구 크레파스 색연필
2. 성경이야기 들려주세요	10분	예수님의 십자가 사건 살펴보기	
3. 말씀살피기	10분	예수님의 희생과 사랑에 감사하기	
4. 활동하기	10분	색칠하기	

[이렇게 시작하세요]

우리에게는 살아가면서 감사해야 할 사람들이 참 많이 있습니다. 우리의 부모님, 선생님, 친구들 등에게 고마운 일들을 많이 경험하지요.
그런데 정말 우리가 잊지 않고 고마워해야 할 분이 계십니다. 바로 예수님이십니다.
예수님은 우리를 위해 이 세상에 오셔서 천국의 복음을 가르치시고 우리 죄를 위해 십자가에 달려 피흘리시고 죽으셨습니다. 우리의 죄를 위해 친히 제물이 되셔서 대신 희생양이 되신 것입니다. 그로인해 우리는 아무 공로없이 죄사함을 받아 구원받게 되었습니다.
이번 과를 통해 예수님께서 지신 십자가의 의미를 알고, 예수님의 희생이 우리에게 어떤 의미를 주는지 아이들에게 잘 알려주세요. 또한 그분의 사랑과 희생을 생각하며 감사한 마음을 가질 수 있도록 인도해주세요.

1. 이야기 나누기

인생에서 가장 '고마운 사람'은 누구인가요? 그 이유는 무엇인지 나눠봅시다.

가이드)

돌아보면 우리에게는 고마운 사람들이 참 많습니다. 가깝게는 나를 낳아주시고 길러주신 부모님, 친하게 지내는 친구들, 공부를 알려주시는 선생님. 이외에도 각자의 상황에 따라 다양한 사람들이 있을 것입니다.
아이들에게 먼저 생각할 시간을 충분히 주신 후, 각자의 생각을 발표하면서 고마운 이유에 대해서도 함께 나눠보도록 합시다. 이를 통해 무심코 지나갔던 고마운 사람들과 고마운 마음을 떠올리고 후에 고마운 마음을 표현해보도록 해보는 것도 좋습니다.
이렇듯 우리의 삶에 고마운 사람이 많지만 우리가 잊지 않고 감사해야 할 분이 계십니다. 예수님이시지요. 그러나 어쩌면 우리는 예수님의 희생과 사랑과 섬김을 너무나 당연하게 받아들이고 감사를 잊고 사는 것일지도 모릅니다.
오늘 이 시간을 통해 예수님의 대속의 은혜를 기억하고 감사를 표현하는 시간을 꼭 갖기를 바랍니다.

2. 성경이야기 들려주세요

오늘 말씀 본문에 보면, 대제사장들은 아무 죄가 없으신 예수님을 못마땅하게 여겨 예수님을 고발하고 벌주기를 바랐다고 나옵니다. 그들은 예수님을 끌고 가서 총독 빌라도에게 넘겨주었지요. 총독은 끌려온 사람을 풀어줄 수도, 벌을 줄 수도 있는 결정권을 가지고 있는 사람이에요.

빌라도가 예수님께 물었습니다. "네가 유대인의 왕이냐?" 그러자 예수님은 "네 말이 옳다" 고 말씀하셨어요. 사람들은 예수님이 벌을 받기 원했어요. 그리고 빌라도는 사람들이 원하는 대로 십자가에 못 박히게 넘겨주었습니다.

그들은 예수님께 자주색 옷을 입히고 가시관을 엮어 씌우고 "유대인의 왕 만세!" 하며 인사를 했고 머리를 치고 침을 뱉고 무릎을 꿇어서 경배했어요. 그건 예수님을 희롱하고 멸시하는 행동이었지요. 그런데 그때 그곳을 지나가던 구레네 사람 시몬이라는 사람이 있었는데 병사들은 그에게 예수님과 같이 십자가를 지고가게 했습니다. 그리고 그들은 예수님을 골고다 언덕까지 끌고 갔어요.

죄가 써져있는 패에는 '유대인의 왕'이라고 적혀있었어요. 그들은 예수님이 왕으로 오신 것을 믿지 않고 왕이라고 거짓말했다고 믿었기 때문입니다. 예수님은 강도들과 함께 나란히 십자가에 못 박히셨는데 사람들은 지나가면서 예수님께 욕을 퍼부었고 멸시하며 십자가에서 내려와 보라며 모욕적인 말들을 내뱉었어요. 한편, 예수님께서는 한참을 십자가에서 고통 받으시다가 소리를 지르셨어요.

"엘리 엘리 라마 사박다니"

이 말은 "나의 하나님, 나의 하나님 어찌하여 나를 버리셨나이까"라는 뜻입니다. 그리고 예수님께서는 큰 소리를 지르시고 숨을 거두셨어요. 그러자 성전의 휘장이 위에서 아래까지 찢어져서 둘로 나뉘었어요. 이를 본 사람들은 그제야 예수님이 하나님의 아들이라는 것을 알게 됐습니다. 이것이 바로 예수님께서 조롱당하고 멸시당하고 십자가에 못 박혀 희생하신 사건이에요.

[확인하기]

아래 장면을 성경 이야기 들은 내용의 순서에 맞게 번호를 매겨 봅시다.

3. 말씀살피기

1. 예수님의 십자가 사건과 관련있는 사실을 찾아 동그라미를 쳐봅시다.

① 십자가형이 판결나자 예수님께 자주색 옷을 입히고 가시관을 씌웠다.

② 예수님은 채찍으로 맞으시고 많은 사람들에게 조롱당하셨다.

③ 예수님은 힘드셨지만 끝까지 골고다 언덕 위에 십자가를 메고 오르셨다.

④ 십자가에서 죽으셨을때, 성소 휘장이 찢겨졌고 지진이 났다.

⑤ 예수님이 달리신 십자가 좌편과 우편의 강도들은 모두 구원받지 못했다.

2. 예수님께서 십자가를 지고 가실 때, 지나가던 사람을 불러 억지로 십자가를 지고 가게 했습니다. 그의 이름은 누구인가요? 맞는 번호에 동그라미를 쳐봅시다.

① 시몬 베드로

② 아리마대 사람 요셉

③ 빌라도

④ 바라바

⑤ 구레네 사람 시몬

[말씀살피기 가이드]

[1번 문제] 십자가는 십자가 자체로 의미가 있는 것이 아니라, 예수님이 십자가에 못 박혀 돌아가시고 3일 만에 부활하신 사건으로 연결되는데 더 큰 의미가 있습니다. 그래서 우리는 십자가를 보며 예수님의 희생과 사랑을 기억하고 또 그분께 감사하는 것입니다.
아이들에게 예수님께서 십자가를 지시기까지의 내용을 설명해주시고 그 고난의 과정들을 알려주세요.

[2번 문제] 구레네 시몬은 억지로라도 예수님의 십자가를 골고다까지 함께 지고 간 사람입니다. 비록 억지로 였지만 예수님의 십자가를 같이 지고 골고다 언덕까지 함께 올라갔습니다. 성경에는 그 사람에 대해서 정확하게 나와 있지는 않지만 결국 그는 예수님의 힘들고 고통스러운 십자가의 길을 함께 걷고 무거운 것을 나눠지고 간 예수님의 동행자였습니다.

[참고자료]

예수님의 십자가 사건의 의미

예수님의 십자가 사건은 크게 세 가지 의미로 나눠볼 수 있습니다.
첫째, 대속(Atonement)의 의미입니다. 예수님은 구약의 희생양이 되셔서 우리의 죄를 대신하는 속죄물이 되셨습니다. 하지만 매번 반복적인 희생 제사가 아닌 단번에 완전한 속죄를 이루셨습니다. 예수님은 우리가 받아야 할 죄의 형벌을 대신 받으신 것입니다. 이로인해 우리는 하나님께 나아갈 길을 얻게 되었습니다.

우리가 알거니와 우리의 옛 사람이 예수와 함께 십자가에 못 박힌 것은 죄의 몸이 죽어 다시는 우리가 죄에게 종 노릇 하지 아니하려 함이니 이는 죽은 자가 죄에서 벗어나 의롭다 하심을 얻었음이라(롬6:6~7)

둘째, 하나님과 화목(Reconciliation)함의 의미가 있습니다. 인간이 죄를 범하였으므로 하나님과 원수가 되었고 예수님의 대속으로 화목하게 되었으며(롬 3:25) 그로인해 우리는 하나님의 자녀(양자)의 자격을 얻게 되었습니다(롬 8:15).

그의 십자가의 피로 화평을 이루사 만물 곧 땅에 있는 것들이나 하늘에 있는 것들이 그로 말미암아 자기와 화목하게 되기를 기뻐하심이라(골1:20) 또 십자가로 이 둘을 한 몸으로 하나님과 화목하게 하려 하심이라 원수 된 것을 십자가로 소멸하시고(엡2:16)

셋째, 의인(Justification)됨의 의미가 있습니다. 예수님의 십자가에서 죽으심으로 우리는 구속받아 죄에서 자유로워졌습니다. 이런 하나님의 은혜로 우리는 비록 의인이라 할 수 없지만, 하나님께서는 의인으로 봐주시겠다는 인정을 받게 되었습니다. 그것은 죄에 대한 완전한 해결의 길이 예수 그리스도의 십자가의 보혈의 공로로 가능케 되었습니다.

모든 사람이 죄를 범하였으매 하나님의 영광에 이르지 못하더니 그리스도 예수 안에 있는 속량으로 말미암아 하나님의 은혜로 값없이 의롭다 하심을 얻은 자 되었느니라(롬3:23~24)

백부장의 고백

예수님께서는 아무 흠도 죄도 없으신 분인데 '유대인의 왕'이라는 죄명을 씌워 온갖 조롱과 멸시를 당하시고 십자가에 못 박혀 돌아가셨습니다. 그렇게 사람들은 예수님이 하나님의 이름을 욕되게 하고 자신이 하나님의 아들이라고 했다는 것에 대해서 광분을 했습니다.

예수님께서는 끝까지 참으시다가 마지막 말씀(엘리 엘리 라마 사박다니)을 마치시고 소리를 한 번 크게 지르고 돌아가셨습니다. 그 순간 성소의 휘장이 위에서부터 아래까지 찢어져 둘로 나뉘었습니다. 마태복음에는 더 자세하게 나와 있는데, '성소 휘장이 위로부터 아래까지 찢어져 둘이 되고 땅이 진동하며 바위가 터지고 무덤들이 열리며 자던 성도의 몸이 많이 일어나'라고 나와 있습니다(마27:51-52). 그 현장을 처음부터 끝까지 지켜봤던 백부장은 예기치 못하게 고백을 합니다. "이 사람은 진실로 하나님의 아들이었도다."

그렇다면 예수님은 아무런 죄가 없었다는 것을 증명해 보이는 것이고 그리스도에게 모욕을 준 사람들을 부끄럽게 만드는 발언이었습니다. 이로써 예수님의 죄패에 붙어있었던 '유대인의 왕'이라는 것은 더 이상 죄명이 아니라 사실로 증명된 것입니다.

{으쌰으쌰~활동해요}
십자가 지신 예수님 색칠하기
예수님께서 날 위해 십자가를 지심으로 우리는 모든 죄를 사함받고 구원받게 되었습니다.
그 사랑을 기억하며 예쁘게 색칠해 봅시다.

{으쌰으쌰~활동해요}

죽기까지 우리를 사랑하신 예수님의 십자가 사랑을 기억하며 색칠해보도록 합시다.

43과 부활의 예수님

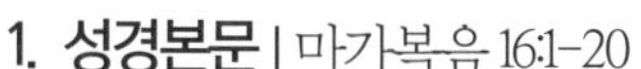

1. **성경본문** | 마가복음 16:1-20

2. **외울 말씀** | 놀라지 말라 너희가 십자가에 못 박히신 나사렛 예수를 찾는구나 그가 살아나셨고 여기 계시지 아니하니라 보라 그를 두었던 곳이니라 (마가복음 16장 6절)

3. **리더들의 외침** | 부활하신 예수님의 이름을 온 땅 가득히 전하라!

4. **공과 주제** |
   1. 예수님께서 3일 만에 부활하셨어요.
   2. 예수님으로 인해 새 생명을 얻고 구원받은 하나님의 자녀로 살아가요.

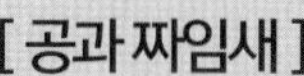

[공과 짜임새]

구분	시간	교사지침	준비물
1. 이야기 나누기	10분	예수님께 하고싶은 말 나누기	성경책 필기도구
2. 성경이야기 들려주세요	10분	십자가에 못 박혀 돌아가시고 3일 만에 부활하신 예수님 살펴보기	
3. 말씀살피기	10분	예수님의 부활에 대해 생각해보기	
4. 활동하기	10분	우리의 모습 점검하기	

[이렇게 시작하세요]

부활은 '죽은 생명이 다시 살아나는 것'을 말합니다. 기적이 아니고서는 이루어질 수 없는 초자연적, 초과학적 기적입니다. 예수님은 분명 십자가에 달려 죽으셨지만, 3일만에 다시 부활하셨습니다. 이것은 죄와 사망의 권세를 이겨낸 승리를 의미합니다.

바울은 예수님의 부활이 사실이 아니면 모든 믿음이 다 헛것이라 고백합니다. 그만큼 기독교에서 부활은 중요한 의미를 주고 있습니다. 예수님의 부활은 당시의 제자들조차도 사실을 믿지 못했습니다. 아이들도 이 부활에 대해 의심하거나 믿지 못하는 경우가 많습니다. 하지만, 부활은 부인할 수 없는 사실이며, 그것은 동시에 하나님의 놀라운 사랑의 승리를 상징한다는 사실을 아이들에게 잘 이해시켜 주시길 바랍니다.

1. 이야기 나누기

만약 내가 부활하신 예수님을 만난다면 하고 싶은 말을 나눠봅시다.

가이드)

부활하신 예수님을 만난 제자들이 예수님을 알아보지 못하거나 못박히셨던 못자국을 확인했던 것처럼 우리는 어떤 말을 제일 먼저 하게 될까요? '예수님, 보고싶었어요', '예수님, 아프시죠. 정말 괜찮으세요?' 같은 말들이겠지요. 이외에도 예수님께서 하고 싶은 말은 많이 있을 것입니다. 아이들의 다양한 생각을 귀 기울여 들어주세요. 혹 예수님을 만난 반가움에 말보다는 행동이 먼저 앞설 수도 있겠습니다. 질문은 하고 싶은 말을 나누는 것이지만 아이들의 생각을 제한하지 마시고 다른 것으로 표현하고 싶은 친구들이 있다면 자유롭게 표현해보도록 인도해주시길 바랍니다.

2. 성경이야기 들려주세요

예수님은 십자가에서 돌아가셨지만 돌아가신 것에서 끝나지 않았어요.

예수님께서 돌아가시자 아리마대 사람 요셉은 빌라도를 찾아가 예수님의 시체를 달라고 하여 예수님의 시체를 세마포로 싸서 바위 속에 무덤을 넣어두고 돌을 굴려 무덤 문에 놓았어요.

안식 후 첫날 일찍, 예수님을 따르던 여인들이 예수님의 무덤을 찾아갔습니다. 그런데 문 앞에 놓았던 돌이 굴려져 있었어요. 그리고 그 안에는 흰 옷을 입은 한 청년이 앉아 있었어요. 그 청년은 예수님을 보려고 찾아간 여인들에게 말했어요. "놀라지 말아라. 너희가 십자가에 못 박히신 나사렛 예수를 찾는구나. 그가 살아나셨고 여기 계시지 않는다. 보라 그를 두었던 곳이다." 여인들은 매우 놀라 무덤에서 도망쳤습니다. 그리고 너무 무서워서 아무에게도 말하지 못했어요.

예수님께서는 살아나신 후에 전에 일곱 귀신을 쫓아내어 주신 막달라 마리아에게 제일 먼저 나타나셨어요. 그래서 마리아는 예수님과 함께 하던 사람들이 슬퍼서 울고 있을 때 이 일을 알렸습니다. 그러나 아무도 믿지 않았어요. 그 후에 부활하신 예수님께서는 믿지 않았던 사람들에게 다른 모양으로 나타나셨지만 여전히 믿지 않았지요. 이번엔 예수님께서 직접 제자들에게 나타나셨어요. 열 한 제자들이 음식을 먹고 있을 때, 예수님께서 제자들에게 나타나셔서 그들이 믿음이 없고 마음이 무딘 것을 꾸짖으셨어요. 그리고 예수님께서는 제자들에게 이렇게 말씀하셨어요.

"너희는 온 세상에 나가서, 만민에게 복음을 전파하여라."

그리고 예수님을 믿고 세례를 받는 사람은 구원을 얻고, 예수님의 이름으로 귀신을 쫓아내며, 새 방언으로 말하며, 절대로 해를 입지 않으며, 아픈 사람들에게 손을 얹으면 나을 것이라고 말씀하셨어요. 이 말씀을 마치신 후 예수님은 하늘로 들려 올라가셔서 하나님의 오른쪽에 앉으셨어요. 그리고 제자들은 예수님의 말씀을 듣고 복음을 전파했습니다. 예수님은 제자들과 함께 하시면서 여러 가지 표적이 나타나게 하시어 말씀의 증거를 확실히 나타내주셨어요. 예수님은 이 세상에 오셔서 온갖 핍박을 견디다 십자가에 못 박혀 돌아가셨어요. 그런데 거기서 끝이 아니었습니다. 예수님은 다시 살아나셔서 우리에게도 새 생명을 허락하셨습니다.

[확인하기]

아래 장면을 성경 이야기 들은 내용의 순서에 맞게 번호를 매겨 봅시다.

3. 말씀살피기

1. 예수님의 다섯가지 기쁜소식(복음)이 왜 기쁜소식인지 내 생각을 네모칸에 기록 해볼까요?

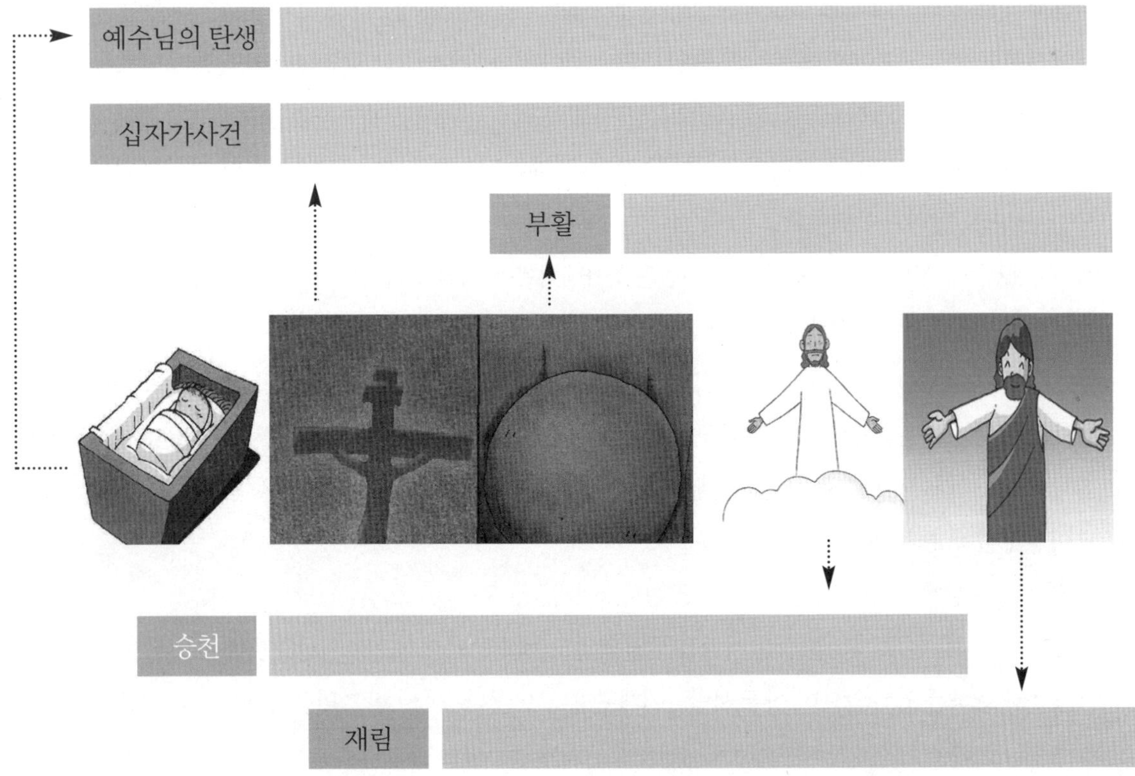

2. 사람들이 예수님의 무덤을 찾아갔을 때 어떤 일들이 있었나요? 맞는 것을 모두 고르세요.

① 예수님의 무덤 문 앞에 놓았던 돌이 굴려져 있었다.

② 사람들이 예수님을 만나자 반가워하였다.

③ 제자들은 예수님이 살아나신 것을 보고 매우 기뻐하였다.

④ 무덤의 돌이 굴려져있고 예수님이 무덤에서 걸어 나오셨다.

⑤ 무덤에 앉아있던 흰옷을 입은 청년이 예수님의 부활을 알려주었다.

[말씀살피기 가이드]

[1번 문제] 예수님이 우리를 위해 이 땅에 오시고 우리를 위해 십자가를 지시며 부활하셔서 하늘로 올라가시고 다시 오실 것이라는 사실은 우리에게 기쁜소식입니다. 죄인인 우리의 죄를 대신 지시고 십자가에 못박히시고 다시 부활하신 것은 죄와 사망을 이기신 것이기 때문입니다. 또한 예수님이 다시 오신다는 사실은 우리에게 천국소망을 가지고 살아갈 수 있게 합니다. 아이들이 각자 생각해보고 적어보도록 하고 승천이나 재림이라는 단어의 의미를 잘 모르는 친구가 있다면 선생님께서 설명해주시길 바랍니다.

[2번 문제] 사람들이 예수님의 무덤을 찾아갔을 때 무덤 문 앞의 돌이 굴려져 있었고, 무덤 안에는 흰옷을 입은 한 청년이 앉아있었습니다. 그리고 그 청년은 여인들에게 "놀라지 말아라. 너희가 십자가에 못 박히신 나사렛 예수를 찾는구나. 그가 살아나셨고 여기 계시지 않는다. 보라 그를 두었던 곳이다." 라고 말했습니다(막16:6).

[참고자료]

부활과 마지막 소명

기독교는 부활의 종교입니다(행 2:23-24; 10:39-41; 롬 1:4). 예수님은 구속사역의 완성을 이루셨고, 그로 인한 결과로 부활의 열매를 맺게 되었습니다. 바울은 부활이 없으면 모든 것이 헛 것이요, 헛 믿음이라 말할 정도로 부활은 이만큼 중요한 요소입니다. 예수님의 부활은 우리를 사망에서 건져 생명으로 옮기실 수 있음을 보여준 사건입니다(요 11:25-26).
또한 이 부활이라는 말은 신약성경에서 무려 104회나 언급되고 있습니다. 그리스도의 부활은 참 인간으로 이 땅에 오셨음을 확인시켜 주는 동시에 사망에 매여 있을 수 없는 참 하나님이심을 보여주는 사건이기도 합니다(롬 1:3-4; 계 1:18).

그의 아들에 관하여 말하면 육신으로는 다윗의 혈통에서 나셨고 성결의 영으로는 죽은 자들 가운데서 부활하사 능력으로 하나님의 아들로 선포되셨으니 곧 우리 주 예수 그리스도시니라(롬1:3-4)

그리스도의 부활은 시편에 예언되었고(시 16:10-11; 행 13:34-35), 사도들에 의해 전파된 것이자(행 2:32; 3:15), 서신들의 핵심을 이루는 내용입니다(롬 10:9; 고전 15:4; 벧전 1:3).
그리고 그리스도이신 예수님께서 당신께서 직접 약속하신 말씀을 이루신 사건이고(요 6:39-40),

그분이 친히 그리고 미리 알리신 메시지입니다(마 16:21; 17:23; 20:19; 27:63; 막 9:9-10; 요 2:19-22).
예수 그리스도께서는 '나는 부활이요 생명이니 나를 믿는 자는 죽어도 살겠고 무릇 살아서 나를 믿는 자는 영원히 죽지 아니하리니'(요 11:25-26)라고 말씀하셨습니다.
부활은 또한 단순히 예수님의 제자들과 몇몇 사람들만 목격한 것이 아니라 당시 수많은 사람들에게 보이셨습니다. 그래서 오순절 성령강림 사건 이후 사도들이 복음을 전할 때, 이들은 본인들이 직접 목격한 부활하신 예수님을 증거하는 자로 부활의 증인들이라 불리기도 합니다.
성경에 기록된 부활의 목격자들을 간략히 살펴보면 막달라 마리아(막 16:9; 요 20:18), 여인들(마 28:9; 눅 24:10), 베드로(눅 24:34; 고전 15:5), 엠마오로 가는 두 제자(눅 24:13-15), 도마 이외의 열 사도들(눅 24:33-43; 요 20:20-24), 열한 사도들(마 28:16-17; 눅 24:50-51; 요 20:26), 일곱 사도들(요 21:1-2), 오백여 형제들(고전 15:4, 6), 야고보(고전 15:7), 다메섹 도상과 예루살렘 성전에서의 바울(행 9:3-6; 22:17-19; 23:11; 고전 15:8), 스데반 집사(행 7:55), 밧모 섬에 유배되었던 사도 요한(계 1:9-10) 등 헤아릴 수 없이 많은 자들에게 증거가 되셨습니다.
중요한 것은 예수님은 부활 후 하늘로 승천하시기 전까지 40일간 부활하신 육신을 입으신 상태에서 제자들에게 마지막 소명을 주셨고 함께하셨습니다. 그래서 성경에 기록된 자들 이외에 무수한 사람들이 예수님을 직.간접적으로 목격하였을 것이고, 이런 일들이 예루살렘과 온 유대에 큰 파란을 일으켰을 것입니다. 예수님은 이후 40일간 제자들에게 마지막 소명을 주시고 많은 사람들이 보는 가운데 하늘로 승천하십니다. 제자들에게는 모든 민족들을 제자 삼고 땅끝까지 복음의 증인이 될 사명을 주셨습니다.

{으쌰으쌰~활동해요}

우리가 행해야 할 것과 버려야 할 것들은 구체적인 것일 수도 있고 추상적인 것일 수도 있습니다. 예를 들면 감사, 관심 같은 성품은 조금 추상적일 수 있고 나눔, 칭찬, 사랑의 표현 같은 것들은 구체적인 행동이 될 수 있겠지요. 그러나 어느 것이든 상관없습니다. 아이들이 이 시간을 통해 자신의 모습을 돌아보고 버려야 할 것과 행해야 할 것을 생각해보도록 인도해주시길 바랍니다.

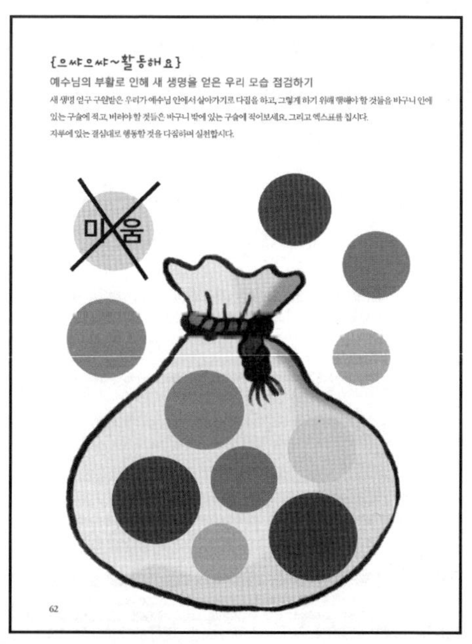

44과 하늘로 오르셨어요

1. **성경본문** | 사도행전 1:1-11

2. **외울 말씀** | 이르되 갈릴리 사람들아 어찌하여 서서 하늘을 쳐다보느냐 너희 가운데서 하늘로 올려지신 이 예수는 하늘로 가심을 본 그대로 오시리라 하였느니라 (사도행전 1장 11절)

3. **리더들의 외침** | 하늘로 올라가신 예수님을 기다려요!

4. **공과 주제** |
   1. 예수님께서는 하늘로 올리신 그 모습 그대로 다시 오실 거예요.
   2. 예수님이 당부하신 명령을 따라 복음을 전하는 어린이가 되어요.

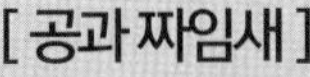

[공과 짜임새]

구분	시간	교사지침	준비물
1. 이야기 나누기	10분	기약없는 약속에 대해 생각해보기	성경책 필기도구
2. 성경이야기 들려주세요	10분	예수님께서 하늘로 올라가시기 전에 하신 말씀과 그 의미 살펴보기	
3. 말씀살피기	10분	다시 오실 예수님을 기다리며 내 모습 다짐하기	
4. 활동하기	10분	교회 찾아가기	

[이렇게 시작하세요]

어느 날 갑자기 예수님이 우리 앞에 나타나신다면 우리 친구들은 예수님께 어떤 모습을 보여드리고 싶을까요? 아니면 어떤 모습을 하고 있을까요?
교회에 와서 예배드리는 모습, 열심히 공부하는 모습, 부모님을 공경하는 모습, 친구들과 사이좋게 지내는 모습 등 아이들이 생각하는 여러 가지가 있겠지요.
오늘 본문은 예수님께서 부활하셔서 많은 제자들이 보는 앞에서 승천하신 사건입니다.
예수님의 승천은 본래 하나님의 영광으로 회복되심을 의미하며, 또한 다시 오신다는 재림의 약속과 소망을 주신 사건으로 정리될 수 있습니다.
특별히 아이들에게 그때와 그 시는 알수 없지만, 예수님은 우리를 위해 다시 오신다는 사실을 알려주세요. 또한 진정으로 예수님을 잘 믿고 그날을 소망해야함을 말해주세요.
예수님께서 언제 오실지는 그 누구도 알 수 없다고 하셨기 때문에 우리는 예수님이 언제든 오실 수 있다는 것을 기억하며 살아야 합니다. 또한 분명 예수님은 다시 오시지만 심판의 주님으로 오신다는 사실을 기억해야 합니다. 오늘 말씀을 통해 예수님 앞에서 우리 친구들은 어떤 모습이 되고 싶은지 생각해보고 다시 오실 예수님을 소망하는 시간이 되길 바랍니다.

1. 이야기 나누기

만약 부모님께서 언제 사주실지 말씀하지 않고 갖고 싶은 것을 사주신다고 약속하신다면 나는 얼마나 기다릴 수 있을까요?

가이드)

부모님께서 내가 갖고 싶은 것을 사주신다면 얼마나 좋을까요? 평소에 갖고 싶었던 게임기, 핸드폰, 킥보드, 장난감. 생각만 해도 흐뭇해지겠지요. 그런데 조건이 있습니다. 언제 사주실지 알 수 없다는 것입니다. 그것은 당장 내일이 될 수도 있고 10년 후나 20년 후가 될 수도 있습니다. 우리 친구들은 이 약속에 어떤 반응을 보일까요?
기약없는 약속에 대해 각자가 어떤 생각을 가지고 있고 어떤 마음으로 대하는지 살펴보시면서 다 함께 공과를 즐겁게 시작하시면 좋겠습니다.
또한 예수님께서도 다시 오시는 재림의 날은 아무도 모른다고 하셨던 것을 설명해주시면서 우리가 어떠한 마음으로 예수님의 재림을 기다려야 할지 생각의 재료를 던져주시길 바랍니다.

2. 성경이야기 들려주세요

예수님은 부활하신 후 40일 동안 제자들과 함께 동행하시며 많은 사람들에게 하나님 나라의 일을 말씀하셨습니다. 그리고 이제부터 성령으로 세례를 받을 것이라고 하셨어요. 제자들은 예수님이 이스라엘 나라를 회복하시는 날에 대해서 여쭈었습니다. 그러자 예수님께서는 때와 시기는 하나님 아버지의 권한이니 알 필요가 없다고 말씀하셨어요.

그때가 언제인지 알 수는 없지만 그때가 오기까지 예수님께서 우리에게 분부하신 일이 있어요. 그것은 바로 사도행전 1장 8절 말씀이에요. "오직 성령이 너희에게 임하시면 너희가 권능을 받고 예루살렘과 온 유대와 사마리아와 땅 끝까지 이르러 내 증인이 되리라 하시니라"

제자들은 하나님께서 나라를 회복하실 때는 언젠지 모르지만 예수님께서 분부하신 대로 예수님의 증인으로서의 삶을 살았어요. 그리고 예수님께서는 사도행전 1장 8절의 말씀을 마치시고 그들이 보는 앞에서 하늘로 올려 가셨습니다. 그런데 구름이 예수님을 가려 보이지 않게 되자 제자들은 더 이상 예수님의 모습을 볼 수가 없었어요. 그래서 더욱 자세히 하늘을 쳐다보고 있는데 흰 옷을 입은 두 사람이 그들 곁에 서서 "갈릴리 사람들아 어찌하여 서서 하늘을 쳐다보느냐 너희와 함께 있다가 하늘로 올리신 이 예수는 너희가 하늘로 가심을 본 그대로 오실 것이다." 라고 말했어요.

예수님께서는 하늘로 올리신 그 모습 그대로 다시 오신다고 하셨습니다. 그런데 우리는 그 때가 언제인지 알지 못한다고 하셨어요. 그래도 분명한 것은 그때가 언제인지는 모르지만 그날이 올 때까지 예수님께서 맡기신 일을 잘 행해야 합니다. 그렇다면 우리는 어떤 모습으로 기다려야 할까요? 예수님께서는 말씀에서 제자들과 여러 사도들을 통해 우리에게 분명하게 말씀하셨어요. 온 세상 땅 끝까지 예수님을 전하라고 말이지요. 그래서 예수님께서 오셨을 때 그런 일들을 행하며 살았던 우리의 모습을 보여드려야 합니다.

언제나 마음을 지키며 예수님을 전하는 우리 모두가 되어요.

[확인하기]

아래 장면을 성경 이야기 들은 내용의 순서에 맞게 번호를 매겨 봅시다.

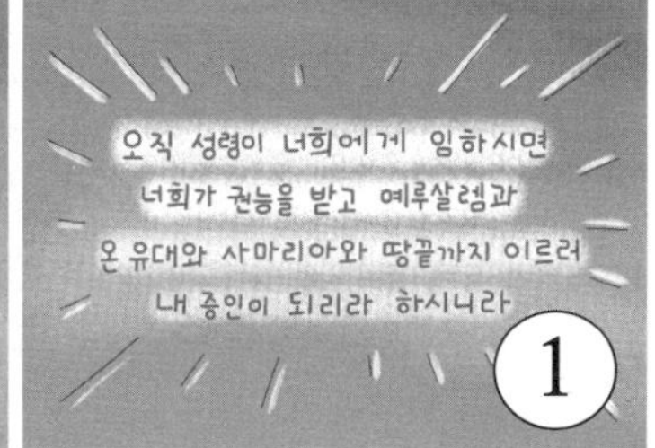

3. 말씀살피기

1. 다시 오시는 예수님을 기다리며 나는 어떤 노력을 하며 살고 싶나요?
   빈칸에 예수님께서 기뻐하실 일들을 적어보고 실천합시다.

2. 예수님께서 하늘로 올리시면서 제자들에게 당부하신 말씀이 있습니다.
   그 말씀이 무엇인지 성경 본문을 써보세요.

오직 성령이 너희에게 임하시면 너희가 권능을 받고 예루살렘과 온 유대와 사마리아와 땅 끝까지 이르러 내 증인이 되리라 하시니라 (행1:8)

[말씀살피기 가이드]

[1번 문제] 예수님이 다시 오실 그날을 기대하고 소망하며 우리의 모습을 돌아보고 다짐하는 시간을 가져봅시다. 예수님이 다시 오시는 그날까지 예수님을 믿지 않는 사람들에게 복음을 전하고 예수님이 주신 사랑을 주변 사람들에게 흘려보내는 것, 또한 하나님의 말씀을 읽으며 그분을 알도록 더욱 힘쓰는 것 등이 있을 수 있습니다.

[2번 문제] 사도행전 1장 8절 말씀은 예수님께서 하늘로 올리시면서 제자들에게 당부하신 중요한 말씀입니다. 이에 제자들은 예수님이 남기신 말씀대로 행하며 온갖 핍박을 받으면서도 하나님의 나라를 전하는 일에 앞장서서 행하였습니다. 그리고 이 말씀은 우리에게도 적용됩니다. 하나님의 자녀로서, 하나님을 믿는 크리스천으로서 자신이 위치한 자리에서 자신이 할 수 있는 모습으로 하나님의 나라를 전파하는 일에 앞장서는 하나님의 귀한 자녀가 될 수 있도록 기도로 지도해주세요.

[참고자료]

예수님의 승천과 재림

누가는 신약성경 기자들 중에서 예수님의 승천을 곁에서 목격한 사람의 입장에서 세부 정황을 알려주고 있습니다. 예수님은 제자들에게 증인의 사명을 주시고 그들이 보는 가운데 하늘로 올리셨습니다. 그때 구름이 주님을 가려 보이지 않게 되었지만 구약성경에서 구름은 하나님의 영광을 둘러싸고 비록 가려진 형태이긴 하지만 그 영광이 임재하고 있음을 가리켰습니다. 주님이 보이지 않게 되었을 때, 흰 옷을 입은 두 사람이 제자들에게 예수님은 하늘로 가신 그 모습 그대로 오실 것이라고 말했습니다.

다시오시는 예수님. 우리는 흔히 재림이라는 말을 사용합니다. 하지만 예수님의 재림을 나타내는 단어는 '강림'으로 번역된 헬라어 '파루시아'라는 단어입니다.

이 단어는 "가까이 하다, 옆에 있다, 도착했다, 참석하다, 준비되다"의 뜻을 가진 의미입니다. 전에 치욕 속에 재판을 받으신 예수님이 다시 오실 그때에는 영광 중에 심판하러 오실 것입니다. 이에 하나님께서는 우리에게 그리스도의 재림을 생각하며 피차 위로하라고 가르치고 계십니다.

{으쌰으쌰~활동해요}

오늘 배운 말씀을 기억하며 재미있는 길 찾기를 해봅시다. 선생님께서는 아이들이 길찾기 활동을 마치고 나면 오늘 말씀을 정리해주시며 공과를 마무리하시면 좋습니다.

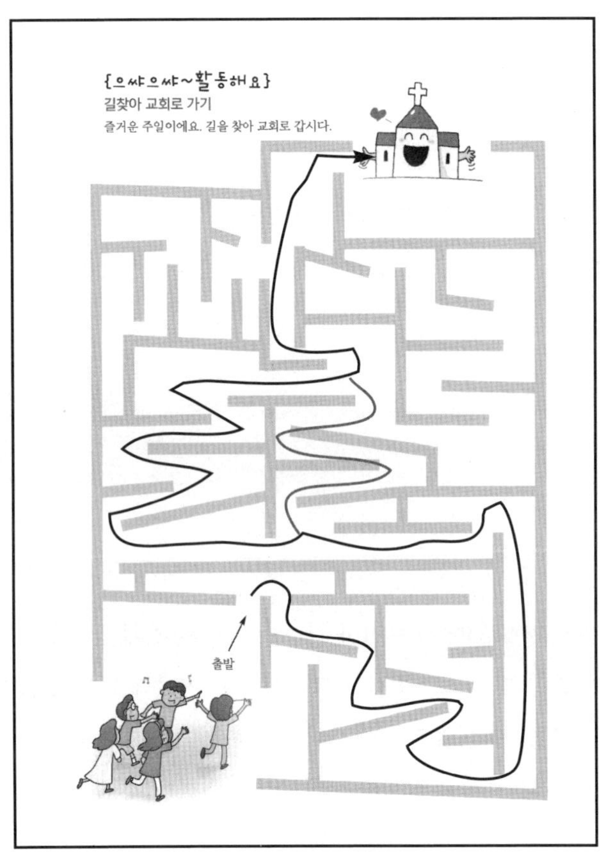

45과 성령님이 임하셨어요

1. 성경본문 | 사도행전 2:1-13

2. 외울 말씀 | 그들이 다 성령의 충만함을 받고 성령이 말하게 하심을 따라 다른 언어들로 말하기를 시작하니라 (사도행전 2장 4절)

3. 리더들의 외침 | 성령님은 우리와 늘 함께 하신다!

4. 공과 주제 |

1. 성령님이 임하시면 능력이 나타나요.
2. 성부, 성자, 성령은 삼위일체 하나님이에요.
3. 성령님은 숨결처럼 늘 우리와 함께 하시는 분이에요.

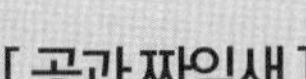

[공과 짜임새]

구분	시간	교사지침	준비물
1. 이야기 나누기	10분	하나님과 함께할 수 있는 방법 생각해보기	성경책 필기도구
2. 성경이야기 들려주세요	10분	성령님이 임하시면 어떤 변화가 일어나는지 살펴보기	
3. 말씀살피기	10분	성령님은 어떤 분이신지 알아보기	
4. 활동하기	10분	기도문 작성하기	

[이렇게 시작하세요]

세상에는 보이지 않는다고 해서 존재하지 않는다고 말할 수 없는 것들이 무척 많습니다.
바람은 눈에 보이지 않지만, 사물의 움직임 속에 증거를 나타냅니다. 공기도 보이지는 않지만 없으면 살 수 없다는 사실을 잘 알지요. 우리는 하나님, 예수님은 잘 알고 이해하지만 성령님의 존재를 어떻게 이해하고 받아들여야 할지 생각할 때가 많습니다.
성령님의 존재하심은 마치 보이지 않는 바람이나 공기처럼 우리곁에 늘 계셔서 우리를 바른 길로 이끌어주시고 진리의 길로 인도해 주시는 하나님이십니다.
아이들에게 바람과 공기 등 보이지 않는 것들에 대한 예를 들면서 성령님의 존재하심을 이해시켜 주시기 바랍니다. 또한 성경이 말한 성령님의 성품에 대해서도 아이들이 이해할 수 있는 선에서 간략히 설명해주시길 바랍니다.

1. 이야기 나누기

하나님과 함께할 수 있는 방법은 무엇일까요?

가이드)

우리가 친한 친구나 사랑하는 가족과 함께할 수 있는 방법은 같은 시간과 공간, 생각을 공유하면서 함께 지내는 것일 겁니다. 이러한 과정을 통해 서로에 대해 더 알아가고 이해하고 사랑하게 되지요. 그런데 우리가 직접 만날 수 없는 하나님과 함께하려면 어떻게 해야 할까요? 이에 대한 정답은 물론 기도와 말씀으로 하나님과 친밀해지고 언제나 우리와 함께하시며 우리의 연약함을 도우시는 성령님을 의지하는 것입니다. 그러나 먼저 정답을 이야기해주시기 보다 아이들의 다양한 생각을 들어보세요. 어른들이 미처 생각하지 못한 기발한 대답이 나올 수 있습니다. 성경에 벗어나는 대답이 아니라면 함께 들어주시면서 칭찬해주시는 시간을 가져보시면 좋겠습니다.
그리고 모든 나눔이 끝난 후에 오늘 배울 성령님이 어떤 분이실지에 대한 물음으로 공과를 시작하시면 아이들이 더욱 집중하여 공과시간에 참여할 수 있을 것입니다.

2. 성경이야기 들려주세요

오순절에 예수님의 제자들이 다 같이 모여 있었어요. 그때, 갑자기 하늘에서 급하고 강한 바람이 부는 것 같은 소리가 나더니 그들이 앉아 있는 온 집안을 가득 채웠습니다. 그리고 불길이 솟아오를 때 혓바닥처럼 갈라지는 것들이 제자들에게 보이더니, 각 사람 위에 하나씩 임하였어요. 그들은 모두 성령의 충만함을 받고 성령이 말하게 하시는 대로 다른 언어들로 말하기 시작했습니다.

이런 일이 있을 때, 경건한 유대인들이 세계 각국에서 와서 예루살렘에 머물고 있었어요. 그때 제자들의 말소리를 듣고 큰 무리가 모여와서 제자들이 각각 자기들의 지방말로 말하는 것을 듣고 어리둥절했어요. 제자들은 성령님이 시키시는 대로 하나님의 일을 말하였고, 그 말을 각 지방 사람들 모두가 자신들의 언어로 들은 것이에요. 그래서 그들은 서로 이게 어찌된 일이냐면서 놀라고 당황했어요. 또 어떤 이들은 그 일을 조롱하며 그들이 술에 취해서 그러는 거라고 말했어요. 그 정도로 믿을 수도 없고, 너무 놀랍고 신기한 상황이었기 때문이에요. 제자들은 성령의 충만함을 받고 성령이 말하게 하셨다고 했어요.

그렇다면 성령은 무엇일까요? 하나님을 삼위일체 하나님이라고 하는데 성부, 성자, 성령 세 분은 하나세요. 성부는 아버지 하나님, 성자는 아들 예수님, 성령은 하나님의 영이에요. 우리가 믿는 하나님은 한분이지만 세 위격을 갖고 계신 분이세요. 사도행전 2장 말씀에는 성령이 임하셔서 이들이 방언의 능력을 받은 사건이 나와요. 그런데 더 놀라운 것은 제자들에게 뿐만 아니라, 이방인들에게도 성령을 부어주신다고 하셨어요(행10:45).

여러분, 지금 이 순간에도 성령님은 우리와 함께 계세요. 또한 성령님은 우리의 연약함을 도와주시고, 우리가 어떻게 기도해야 할지 몰라도 성령님께서는 우리를 위해서 간구해주시는 분이에요(롬8:26). 구약시대에 쓰였던 히브리어 말에 '루아흐(ruach)' 라는 단어가 있어요. 루아흐는 '성령'으로 번역할 수 있는데, '숨결'로도 번역할 수 있어요. 숨결은 눈에 보이지 않지만 우리는 늘 숨을 쉬기 때문에 숨결이 우리 모두에게 있다는 것을 알아요. 이처럼 성령도 우리 눈에는 보이지 않지만 숨결처럼 우리 안에 늘 존재하시면서 우리의 연약함을 도와주시고 우리의 필요를 채워주시는 분이에요. 오순절에 제자들에게 성령님이 임하셔서 능력이 나타났던 것처럼, 우리에게도 성령님이 임하셔서 권능을 받는 우리 모두가 되기를 바라요.

[확인하기] 아래 장면을 성경 이야기 들은 내용의 순서에 맞게 번호를 매겨 봅시다.

3. 말씀살피기

1. 주일에 축구하러 가자는 친구에게 어떤 말을 전해주면 좋을까요? 이런 친구를 어떻게 전도할지 적어봅시다.

2. 성경에 성령님은 어떤 분이신지 잘 기록하고 있습니다. 사다리를 타고 내려가 빈칸에 답을 쓰세요.

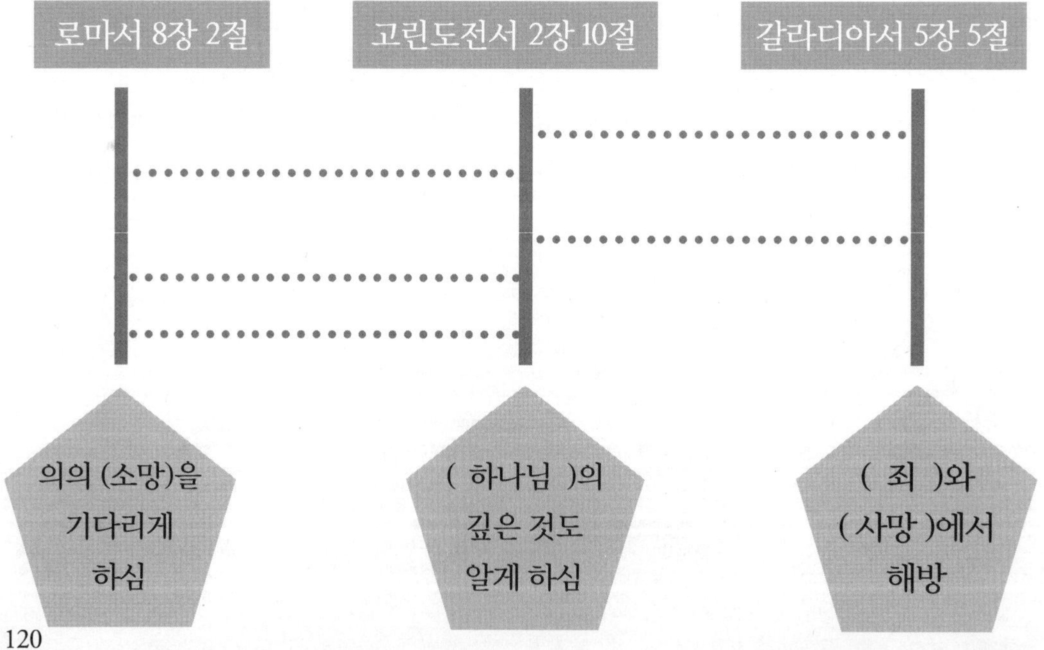

[말씀살피기 가이드]

[1번 문제] 주일은 하나님을 만나고 하나님께 예배하는 거룩한 날입니다. 물론 친구들과 함께 신나게 노는 것도 중요하지만 우리에게 가장 중요한 것은 하나님을 예배하는 것이지요. 주일예배를 드리지 않고 축구를 하는 것은 옳은 것이 아니지만 주일예배 후에 축구를 하는 문제는 '축구를 하면 된다, 하면 안 된다'와 같이 이분법적 방식으로 쉽게 정할 수 있는 부분은 아닙니다. 그러므로 아이들의 답을 옳고 그름으로 규정하지 마시고 아이들 나름대로 하나님이 주신 지혜를 가지고 이 상황을 어떻게 풀어갈지 지켜보시면서 아이들의 생각을 칭찬해주시길 바랍니다.
[2번 문제] 하나님은 한분 본체이시나 성부, 성자, 성령 세 가지 위격을 가지고 계시는 분입니다. 예수님께서 승천하실 때 성령을 보내주신다고 하셨는데, 그 성령 또한 하나님이십니다. 성령님에 대한 성경구절을 찾아 답을 적어보면서 우리 아이들이 성령님에 대해 더 깊이 알게 되기를 바랍니다.

[참고자료]

예수님의 사명과 성령의 역사

부활하신 예수님께서 베드로를 비롯한 제자들에게 나타나셔서 40일간 사명을 주시고 가르치셨습니다. 그 사명은 복음전파의 사명으로 땅끝까지 복음을 전하라는 명령이었습니다. 이후 감람산에서 하늘로 승천하시고 제자들은 예수님의 말씀을 따라 예루살렘을 떠나지 아니하고 오직 기도에 전념했습니다. 그리고 다락방에서 120명의 제자들이 기도할 때, 모두 성령의 충만함을 받았습니다. 이후 적극적으로 복음을 전하며 교회가 세워지기 시작했습니다.
사도행전에 다락방에서 임한 성령님의 강림하심은 유대의 절기인 오순절이 이미 이른 때였습니다. 성령이 임한 그날 이후 그리스도가 부활하시고 성령이 강림하셨다는 두 가지 위대한 사실을 교회가 영원히 기억하게 하였습니다. 성령께서는 태초부터 계신 거룩한 하나님의 영이셨지만, 보다 강력한 영권으로 임한 것은 오순절 다락방에서 기도한 120명의 사도들과 제자들에게 였습니다. 성령의 역사로 제자들은 권능을 받고, 불이 혀같이 갈라지는 체험과 각기 다른 언어로 말하게 되는 능력으로 수많은 사람들에게 주님의 복음을 증거했습니다.
또한, 초대교회 많은 제자들이 복음을 전할 때 주도적으로 이끄시며 활동하셨습니다. 그 성령님은 지금도 동일하게 행하시는 하나님이십니다.

삼위일체 하나님

삼위일체는 성경에 기록된 하나님의 성품과 존재하심을 신학적으로 혹은 교리적으로 체계화한 하나님에 대한 신학적 정의라 볼 수 있습니다. 삼위일체는 하나님은 한분이시지만 성부, 성자, 성령 하나님의 세 ‘위격’을 나타낸다는 교리입니다.

하지만 아무리 하나님께서 이 세 가지 ‘위격’ 또는 ‘실체’를 가진다고 말해도 그 의미를 제대로 묘사하긴 어려운 일입니다. 특별히 성부와 성자의 개념까지는 이해하기 어렵지 않습니다. 왜냐하면 성경에 성부와 성자와의 관계와 사역에 대해 명확히 기록하고 있기 때문입니다.

성경은 예수님이 오시기 이전부터 영존하시는 하나님의 본체로 기록하고 있습니다(요한복음 1:1~5, 빌립보서 2:5~8). 도마는 부활한 예수님을 ‘나의 주님이시요 나의 하나님’이시라고 고백하기도 하였습니다. 이처럼 신약에서 예수님은 하나님의 아들로 묘사하고 있습니다.

하지만 성령님은 이해하기가 어려운데, 성경은 성령님을 하나님의 권능이 인격화된 것으로 기록하고 있습니다. 또한 성령님은 믿는 자들에게 성령의 은사를 통해 하나님의 은혜를 주시고 이웃에게 베푸는 데 사용할 수 있는 은사를 주신다고도 기록하고 있습니다.

마태복음 28장 19절에는 “아버지와 아들과 성령의 이름으로 세례를 베풀라”고 말하고 있습니다. 또한 고린도후서의 맨 끝에는 ‘삼위일체 축복’이 나옵니다. “예수 그리스도의 은혜와 하나님의 사랑과 성령의 교통하심이 너희 무리와 함께 있을지어다.” 이 문구는 예배를 마칠 때 목사가 선포하는 축도로 사용되고 있습니다. 사실, 삼위일체라는 말은 성경에 나오지는 않습니다. 기원 후 200년경 라틴 신학자인 테르툴리아누스가 신을 설명하기 위해 트리니타스(trinitas)라는 말을 만들어낸 것이 그 시초입니다.

{으쌰으쌰~활동해요}

그림에 제시된 순서대로 아이들이 기도문을 작성하고 기도해보도록 합시다. 서툴더라도 아이들이 직접 적어보도록 하고 아이들이 작성을 끝낸 후에는 기도문의 내용을 평가하거나 옳고 그름을 판단하지 마시고 함께 자신이 작성한 기도문을 가지고 기도해보도록 인도해주세요. 기도는 사람에게 평가받는 것이 아니라 하나님께 드리는 것입니다.

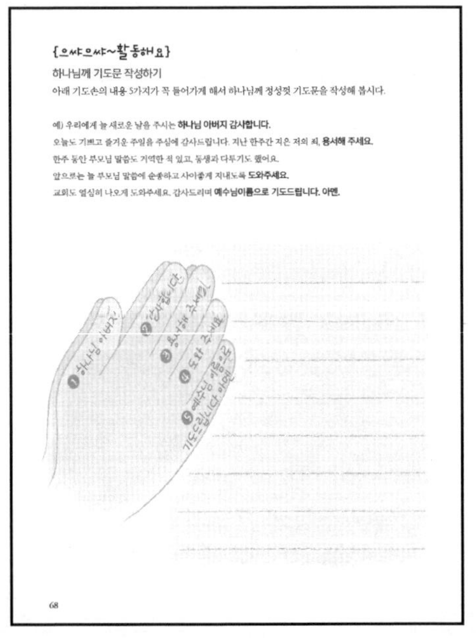

{으쌰으쌰~활동해요}

하나님께 기도문 작성하기

아래 기도손의 내용 5가지가 꼭 들어가게 해서 하나님께 정성껏 기도문을 작성해 봅시다.

예) 우리에게 늘 새로운 날을 주시는 **하나님 아버지 감사합니다.**
오늘도 기쁘고 즐거운 주일을 주심에 감사드립니다. 지난 한주간 지은 저의 죄, **용서해 주세요.**
한주 동안 부모님 말씀도 거역한 적 있고, 동생과 다투기도 했어요.
앞으로는 늘 부모님 말씀에 순종하고 사이좋게 지내도록 **도와주세요.**
교회도 열심히 나오게 도와주세요. 감사드리며 **예수님이름으로 기도드립니다. 아멘.**

68

46과 나사렛 예수 그리스도의 이름

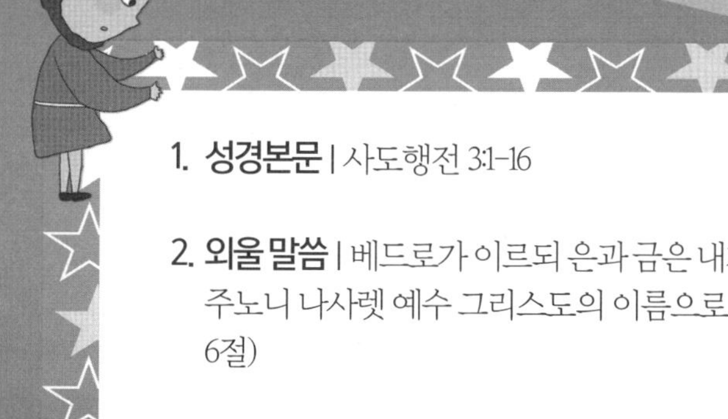

1. **성경본문** | 사도행전 3:1-16

2. **외울 말씀** | 베드로가 이르되 은과 금은 내게 없거니와 내게 있는 이것을 네게 주노니 나사렛 예수 그리스도의 이름으로 일어나 걸으라 하고 (사도행전 3장 6절)

3. **리더들의 외침** | 나사렛 예수의 이름으로 일어나라!

4. **공과 주제** |
   1. 은과 금보다 더 귀한 것은, 능력의 예수 그리스도 이름이에요.
   2. 우리에게도 예수님의 이름으로 명할 수 있는 특권이 있어요.
   3. 기쁨으로 하나님을 찬양하는 모습을 가져요.

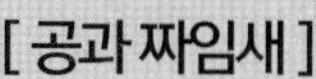

[공과 짜임새]

구분	시간	교사지침	준비물
1. 이야기 나누기	10분	내 이름의 뜻 살펴보기	성경책 필기도구
2. 성경이야기 들려주세요	10분	걷지 못했던 자가 예수 그리스도 이름의 능력으로 걷게 된 이야기 살펴보기	
3. 말씀살피기	10분	나사렛 예수 그리스도 이름의 능력 소망하기	
4. 활동하기	10분	숨은 십자가 찾기	

[이렇게 시작하세요]

아이들에게 소중히 생각하는 가장 귀중한 물건이나 가장 좋아하는 친구, 연예인이 있는지 물어보세요. 누구나 각자 소중하고 중요한 물건과 사람들이 있을 것입니다.
그런데 우리에게는 그것과 비교할 수 없는 가장 근본적이고 가장 귀한 분이 계십니다. 바로 예수님이시지요. 그런 예수님의 이름에는 놀라운 능력이 있습니다.
오늘 말씀에 성전 미문 앞에 다리 불편한 자가 예수 이름의 권능으로 일어선 이야기는 너무도 유명한 이야기입니다. 이번 과에서는 예수 이름의 능력에 대해 잘 설명해주시길 바랍니다. 혹여 아이들이 예수님은 승천하셔서 이 세상에 존재하지 않고 하늘에 계신다고 이해해서는 안 될 것입니다.
오늘 내용을 통해 예수님은 우리에게 가장 소중한 분이시며 지금도 살아서 역사하시는 하나님이시라는 사실을 알게 해주세요. 또한 성전미문에 앉아 구걸하던 다리 불편한 자를 일으켜 세운 기적과 역사는 지금도 여전히 나타나고 있다는 사실도 알려주세요.

1. 이야기 나누기

내 이름은 누가 지어주셨나요? 그리고 이름의 뜻은 무엇인가요? 함께 나눠봅시다.

가이드)

우리는 모두 이름을 가지고 있고 우리의 이름은 부모님이나 어른들께서 각자의 가치관과 생각을 통해 의미를 담아 이름을 지어주셨을 것입니다. 그래서 우리 각자의 이름은 한문으로도 적을 수 있고 그 한문을 통해 이름의 뜻을 알 수 있지요.
아이들과 돌아가며 이름의 뜻을 나눠보도록 인도해주시고 가능하시다면 지도하시는 선생님도 아이들과 함께 나눔에 참여하시면 더욱 화기애애한 분위기로 나눔이 이루어질 수 있을 것입니다.
이를 통해 아이들이 서로를 이해하는 시간을 가지면서 동시에 오늘 배울 내용에 좀 더 쉽게 다가갈 수 있기를 바랍니다.

2. 성경이야기 들려주세요

아주 오래 전, 이스라엘이라는 나라에 어떤 한 사람이 있었습니다. 그는 성전의 기도시간이 되면 항상 미문이라는 성전 문에 앉아 있는 사람이었어요. 그리고 사람들은 그를 메고 성전 문 앞에 데려다 놓아야만 했습니다. 왜 그 사람은 날마다 사람들에 의해 성전 문으로 나와 있었을까요? 그것은 그가 사람들에게 구걸을 하기 위해서였어요. 왜냐하면 그는 태어날 때부터 걸을 수가 없었기 때문입니다.

그런데 하루는 그 사람이 베드로와 요한이 기도 시간에 성전에 들어가는 것을 보고 구걸을 했습니다. 그러자 베드로와 요한은 그를 유심히 보았어요. 그리고 그에게 "우리를 바라보라"고 말했어요. 그는 베드로와 요한에게서 무엇을 얻을까 하는 마음으로 바라보았지요.

베드로는 그에게 무엇을 주었을까요? 은? 금? 먹을 것? 베드로는 물질적인 것은 아무것도 주지 않았고 단지 이렇게 말했습니다.

"은과 금은 내게 없으나, 내게 있는 이것을 너에게 주니 나사렛 예수 그리스도의 이름으로 일어나 걸으라."

이 말을 하고 그의 오른손을 잡아 일으켰습니다. 과연 어떻게 되었을까요? 그의 발과 발목에 힘이 생겨서 벌떡 일어나 베드로, 요한과 함께 성전으로 들어가면서 걷기도 하고 뛰기도 하며 하나님을 찬송하는 것이었습니다.

평생을 앉아서 살아야 했던 사람이 일어나 걷기도 하고 하나님을 찬송하는 것을 본 모든 사람들은 그에게 일어난 일로 인해 매우 놀라워했어요. 그리고 나음을 받고 기뻐 뛰며 그 기적을 본 모든 백성들이 베드로와 요한에게 주목했습니다.

그런데 그것은 베드로가 원하는 상황이 아니었어요. 그래서 베드로는 이 일을 보고 놀라워하는 사람들에게 말했어요. "이스라엘 사람들아 이 일을 왜 놀랍게 여기느냐 우리 개인의 권능과 경건으로 이 사람을 걷게 한 것처럼 왜 우리를 주목하느냐" 이 말은 그를 예수님의 능력으로 걷게 한 것이지, 사람의 힘으로 걷게 한 것이 아니라는 뜻입니다. 바로 나사렛 예수의 이름으로 걷게 한 것이지요. 예수의 이름으로 명할 수 있는 특권이 있기 때문이에요. 그것이 은보다, 금보다 훨씬 더 귀한 것입니다. 우리에게도 나사렛 예수 그리스도의 이름으로 명할 수 있는 특권이 있다는 것을 항상 기억하길 바라요.

[확인하기]

아래 장면을 성경 이야기 들은 내용의 순서에 맞게 번호를 매겨 봅시다.

3. 말씀살피기

1. 나사렛 예수의 이름으로 명하고 싶은 것이 있다면 그것은 무엇인가요?
   원 안에 구체적으로 기록해봅시다.

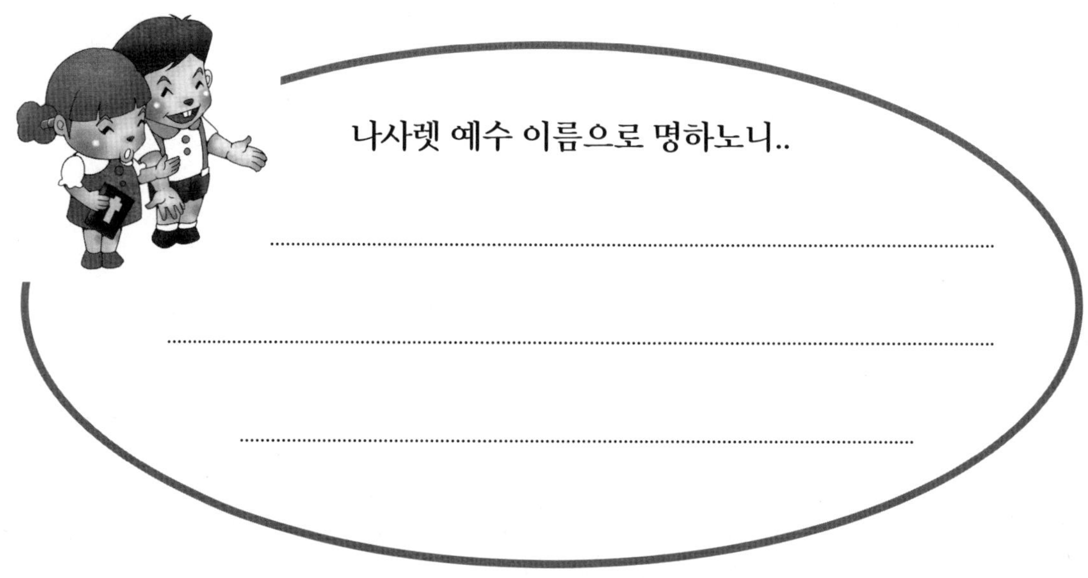

2. 다음은 어떤 내용의 그림인가요? 제시된 낱말을 골라 글로 써보고 설명해보세요.

성전, 미문, 걷지 못하는 자, 기도시간, 구걸, 날마다, 사람들

걷지 못하는 자는 날마다 성전의 기도
시간에 미문에 앉아 구걸했어요.
그래서 사람들은 그를 성전 문 앞에
데려다 놓았어요.

[말씀살피기 가이드]

[1번 문제] 성경 속의 베드로와 요한은 예수 그리스도의 이름을 결코 헛되이 하지 않았습니다. 그 이름으로 사람을 살리고 사람을 일으키는 데에 사용했습니다. 이는 곧 영혼구원과도 연결됩니다. 지금의 우리도 예수 그리스도의 이름으로 사람을 살리고 일으키며, 그 일이 곧 영혼구원으로 이어질 수 있도록 해야 합니다.

[2번 문제] 비슷한 내용이 들어가면 답으로 인정해주세요. 단, 제시된 낱말은 모두 들어가야 합니다.

[참고자료]

믿고 감사하라

본문에서 베드로와 요한은 나면서부터 걷지 못하는 자를 외면하지 않고 그에게 주목했습니다. '우리를 보라'는 말에 그는 엄청난 기대를 했을 것입니다. 구걸을 하고 있었기 때문에 돈 아니면, 그에 준하는 것을 받을 것으로 예상했을 것입니다. 하지만 그의 예상은 빗나갔습니다.
베드로와 요한에게는 그에게 줄 은과 금이 없었기 때문입니다. 그런데 얼마 지나지 않아 엄청난 기적이 일어났습니다. "나사렛 예수 그리스도의 이름으로 일어나 걸으라." 는 말과 함께 그는 일어나 걸었고, 예수님을 믿는 결과를 가져왔습니다.
은보다 금보다 귀한 예수 그리스도의 이름이 못 걷는 자를 걷게 하고 예수님을 찬양하게 하였습니다. 그런데 주목해야 할 점은, 못 걷는 자의 태도에도 있습니다. 그는 일어나 걸으라는 말 한마디에 즉시 일어났습니다. 물론 걷게 하시는 이는 예수 이름의 능력이지만 일어나 걷고 예수님을 구주로 믿는 일은, 행동을 하는 이에게 달려있습니다.
또한 못걷는 자는 치유함을 받고 기뻐했을 뿐 아니라, 하나님을 찬양했습니다. 우리가 이 말씀을 통해 배워야 할 점은, 예수님께서 주시는 것을 기대하고 받으려는 적극적인 자세입니다. 또한 베풀어주신 은혜에 대해 감사할 줄 알아야 할 것입니다. 그리고 '예수 그리스도' 이름의 능력을 믿는 것입니다.

{으쌰으쌰~활동해요}

오늘 말씀을 기억하며 재미있는 십자가 찾기를 해봅시다. 숨겨진 십자가는 총 10개입니다.

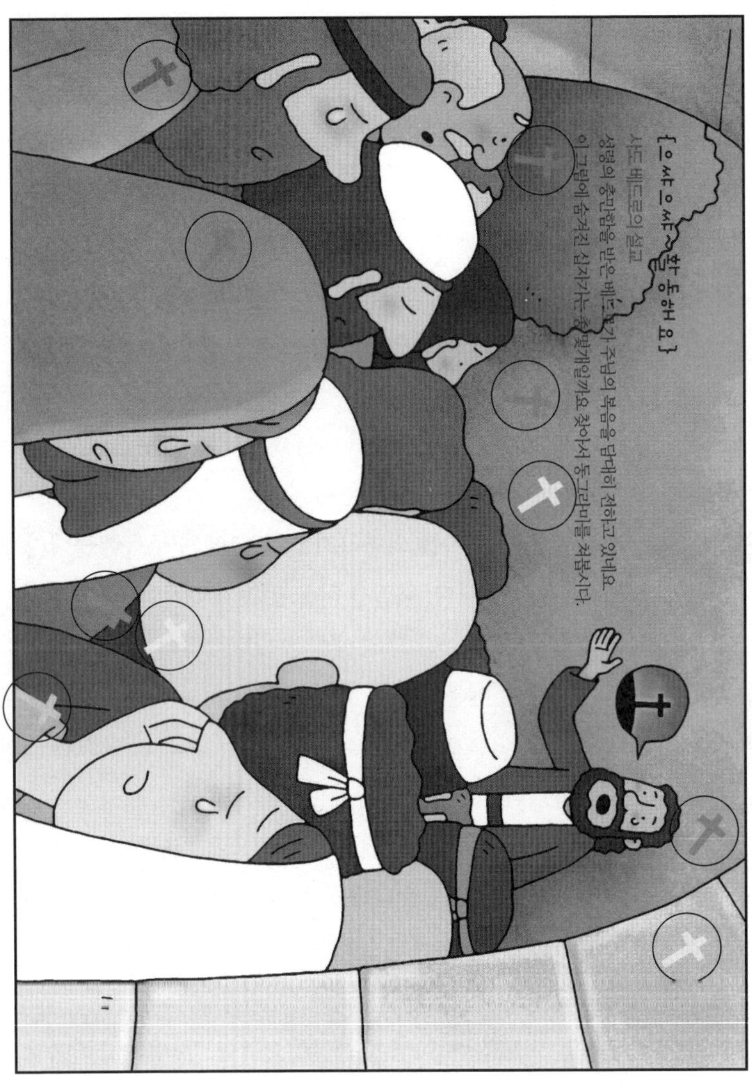

47과 스데반 집사

1. **성경본문** | 사도행전 6:1-7:60

2. **외울 말씀** | 그들이 돌로 스데반을 치니 스데반이 부르짖어 이르되 주 예수여 내 영혼을 받으시옵소서 하고 무릎을 꿇고 크게 불러 이르되 주여 이 죄를 그들에게 돌리지 마옵소서 이 말을 하고 자니라 (사도행전 7장 59-60절)

3. **리더들의 외침** | 성령이 충만한 스데반을 본받자!

4. **공과 주제** |
   1. 은혜와 권능, 지혜와 성령이 충만한 스데반
   2. 마지막 순간에도 하나님께 기도를 드린 스데반
   3. 스데반을 본받고 기억해요.

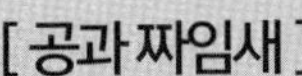

[공과 짜임새]

구분	시간	교사지침	준비물
1. 이야기 나누기	10분	친구에게 있는 예수님의 성품 찾기	성경책 필기도구 크레파스 색연필
2. 성경이야기 들려주세요	10분	은혜와 권능, 지혜와 성령이 충만한 스데반의 모습 알아보기	
3. 말씀살피기	10분	예수님을 믿는 우리의 모습 생각해보기	
4. 활동하기	10분	색칠하기	

[이렇게 시작하세요]

오늘은 최초의 순교의 사건이 기록되어 있습니다. 바로 스데반 집사의 순교입니다. 주님의 복음을 전하다가 고난당하고 죽임을 당하는 일은 초대교회에 늘 있어왔던 일이었습니다.
예수님께서도 승천 이후 교회가 세워질때 단지 예수님을 믿는다는 이유만으로, 또한 복음을 전한다는 이유만으로 핍박받고 고난당할 것을 말씀하셨습니다.
오늘의 말씀은 많은 핍박을 받던 초대교회에 7명의 집사 중 한 사람인 스데반 집사가 핍박과 고난 가운데 최초로 순교를 당하는 사건을 기록하고 있습니다. 그리고 주님을 위해 순교한 스데반의 모습은 마치 천사의 모습과 같았다고 합니다.
혹시 누군가가 우리 친구들에게 천사같다는 말을 한다면 친구들의 기분은 어떨까요? 각자 듣고 느끼고 반응하는 모습은 다르겠지만 아마도 기분이 나쁜 친구는 없을 것입니다. 그만큼 천사라는 단어가 주는 이미지와 어감이 부드럽고 맑으며 온화한 것이기 때문이겠지요.
어떤 이유에서 사람들이 스데반에게 천사의 얼굴같다고 했는지 함께 알아보고 또한 담대히 복음을 전했던 스데반 집사의 이야기를 통해 우리 아이들이 복음을 전해야 하는 이유에 대해서 잘 깨달을 수 있도록 도와주세요.

1. 이야기 나누기

친구를 통해 느낄 수 있는 예수님의 성품에 대해 서로 나눠봅시다.

가이드)

예수님의 성품에는 어떤 것이 있을까요? 먼저 나눔 전에 예수님의 성품은 어떤 것이 있는지 정리해보고 아이들이 생각할 수 있도록 도와주세요. 예수님은 사랑이 많으시고 인자하시며 온유하신 분이십니다. 또한 자비로우시며 약한 자를 도우시고 언제나 따뜻하게 품어주시는 분이십니다. 이렇듯 예수님은 참 좋으신 분입니다.
이러한 예수님의 성품을 서로의 모습 속에서 발견해보는 시간을 가져봅시다. 서로의 긍정적인 부분을 생각해보고 칭찬하는 시간을 통해 우리 아이들이 예수님의 사랑 안에서 서로 사랑하는 믿음의 공동체가 될 수 있도록 선생님께서 먼저 기도로 준비해주세요.

2. 성경이야기 들려주세요

천사의 얼굴과 같은 그는 은혜와 권능이 충만한 사람이었습니다. 그래서 그는 백성들에게 놀라운 일과 큰 기적을 행했어요. 그런 그의 행동에 불만이 있는 사람들은 그를 향해 비난했지만 그 사람은 지혜와 성령으로 말했기 때문에 아무도 그를 이길 수 없었습니다. 그는 바로 '스데반'입니다.

스데반은 믿음과 성령이 충만한 사람이었어요. 그래서 그는 초대교회가 가난한 사람을 구제하는 일에 필요한 일곱 사람 중의 한 명으로 뽑혔지요. 그런 가운데 그는 사람들에게 기적을 행하고 놀라운 일들이 일어나도록 했는데, 유대 사람들은 그런 일들을 못마땅하게 여겨 스데반과 논쟁을 벌였습니다. 그러나 스데반은 지혜와 성령이 충만한 사람이었기 때문에 아무도 스데반을 당해낼 수 없었어요. 그러자 그들은 또 사람들을 시켜 스데반이 하나님을 모독한 말을 들었다고 말하게 했습니다. 또한 스데반은 하나님의 능력을 나타내고 놀라운 일들을 행했지만 아무도 그것을 좋게 보지 않았고 백성, 장로, 서기관들을 총동원시켜 스데반을 공회로 잡아갔어요.

그런데 공회에서도 거짓 증인들을 내세워 스데반이 거룩한 곳과 율법을 어긋나게 말하였다고 하도록 했어요.

그런데 놀라운 것은, 공회에 앉아있던 사람들이 모두 스데반을 바라봤는데 사람들에게 비춰진 스데반의 얼굴이 천사같이 보였던 것입니다.

스데반은 그들이 모함하는 말에 전혀 굴하지 않고 다시 하나님의 말씀을 전했는데, 말씀을 전하는 중에 스데반이 성령 충만하여 하늘을 우러러 보니 하나님의 영광이 보이고, 그 옆에 예수님이 서 계신 것이 보인다고 했어요. 이에 사람들은 더 이상 그 말들을 들을 수가 없어 큰 소리를 지르고, 귀를 막았어요. 그리고 스데반에게 달려들어 성 밖으로 끌어내고 돌을 던졌고 스데반은 그 돌에 맞아 쓰러졌어요.

스데반은 모든 압박과 박해를 물리치고, 돌을 맞으면서도 신앙을 지켰어요. 그래서 스데반에게는 '최초의 순교자'라는 수식어가 붙어요. 순교자는 온갖 핍박 속에서도 자신의 신앙을 지키며 목숨을 바친 사람을 말합니다.

또한, 스데반은 믿음과 성령이 충만하여 돌에 맞아 죽어가면서도 자신의 영혼을 받아달라고 주님께 간절히 기도드렸고 이 죄를 저 사람들에게 돌리지 말라고 했어요.

스데반은 정말 천사 같은 사람이었습니다. 그는 끝까지 하나님을 저버리지 않고 돌에 맞아 고통스러운 마지막 순간까지도 자신의 영혼이 하나님과 함께 할 수 있도록 하나님께 기도를 드리며 그들의 죄를 탓하지 않았어요.

우리 친구들도 스데반과 같이 성령 충만한 사람이 되어 힘들고 어려운 일이 있을 때 하나님께 먼저 기도하고, 자신의 신앙을 지키기 위해 힘쓰는 친구들이 되면 좋겠어요.

[확인하기] 아래 장면을 성경 이야기 들은 내용의 순서에 맞게 번호를 매겨 봅시다.

3. 말씀살피기

1. 교회다니지 않은 친구가 교회에 대해 좋지않게 얘기하네요.
   이런 상황이라면 나는 어떻게 설명할 까요? 말풍선을 채워봅시다.

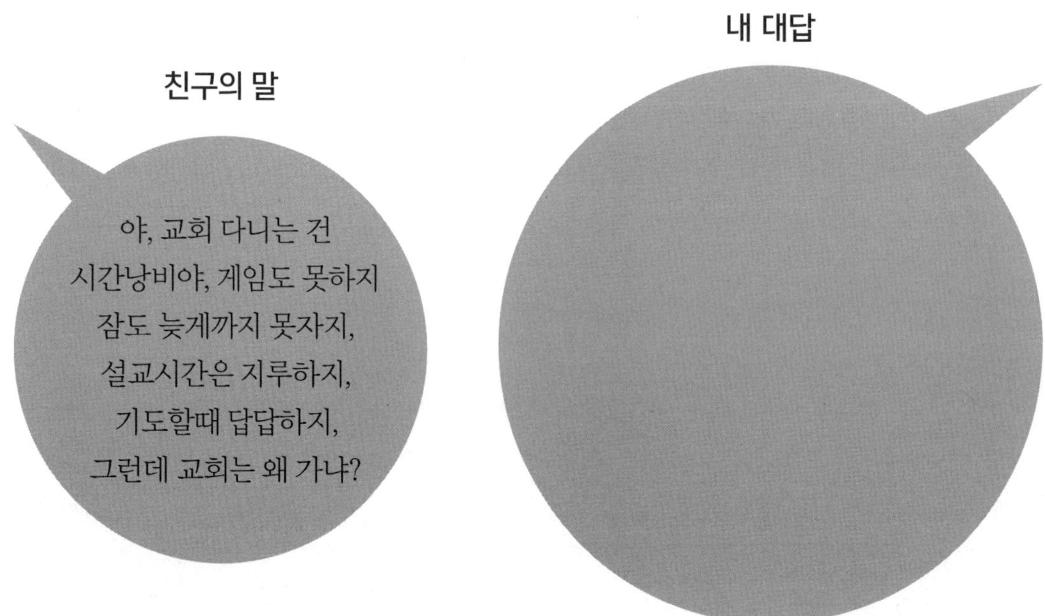

2. (스데반)이 돌에 맞아 쓰러져서 제일 먼저 하나님께 기도를 드렸습니다.
   어떤 기도를 드렸는지 모두 골라보세요.
   또한 문제의 (   )안에 들어갈 알맞은 이름도 넣어보세요.

① 주님, 저를 살려주세요.

② 주님, 지 사람들을 용서하지 마세요.

③ 주님, 저의 영혼을 받아주세요.

④ 주님, 이 고통을 없애주세요.

⑤ 주님, 이 죄를 그들에게 돌리지 마세요.

[말씀살피기 가이드]

[1번 문제] 스데반은 당시 사람들에 의해서 많은 핍박을 받았습니다. 그럼에도 스데반은 자신을 힘들게 하는 사람들의 죄가 그들에게 돌아가지 않도록 기도하였습니다.
이런 천사의 얼굴을 가진 성령 충만한 스데반은 끝까지 하나님과 함께했습니다.
우리는 살아가면서 신앙생활을 하는 것에 대해 안 좋게 말하는 사람들을 만나게 됩니다.
그럴 때 그들을 미워하고 원망하는 모습이 아니라, 오히려 스데반처럼 천사의 얼굴을 하고 성령 충만한 모습으로 그들을 위해 기도하는 어린이가 될 수 있도록 지도해주세요.

[2번 문제] 3번 문제를 풀었다면 4번 문제의 괄호 안에 들어갈 이름을 알 것입니다. 괄호 안에도 이름을 쓰도록 지도해주세요. 스데반은 자신의 신앙을 지키기 위해 온갖 핍박을 견디며 돌에 맞아 쓰러져가면서도 하나님께 자신의 영혼을 받아달라는 간절한 기도를 드렸고, 자신에게 해를 끼친 사람들의 죄를 그들에게 돌리지 말아달라는 기도를 하였습니다(행 7:58-60).

[참고자료]

하나님의 영과의 논쟁

우리는 본문에서 스데반이 어떻게 논쟁했는지를 알 수 있습니다. 스데반이 지혜와 성령으로 말함을 그들이 능히 당치 못하여, 자기들의 입장을 주장하지도, 답변하지도 못했습니다. 그리하여 그들은 신앙을 갖게 되지는 않았지만 혼란을 일으켰습니다. 그들이 스데반에게 대항할 수 없었던 것이 아니라, 지혜와 성령으로 말함을 당할 수 없었다고 해야 합니다.
그들은 그들이 단지 스데반과 논쟁하고 있다고 생각했지만 사실 그들이 경쟁할 수도 없는 상대이며, 스데반과 함께 하시는 하나님의 영과 논쟁하였던 것입니다. 그리스도인들이 핍박을 당할 때도 이와 같아야 합니다. 사람의 생각으로 하지 말고 오직 하나님의 성령으로, 핍박하는 사람들의 마음을 다스려야 합니다.

스데반은 누구인가?

스데반은 헬라파 유대인이며, 초대교회 최초의 순교자였습니다(행 7:59-60).

스데반은 믿음과 성령이 충만한 사람으로, 초대교회가 가난한 자들을 매일 구제하는 일을 맡기려고 선출했던 일곱 사람 가운데 한 사람이었습니다(행 6:1-6).

스데반은 리버디노 곧 자유인들의 회당에서 가르쳤고, 거기서 구레네, 알렉산드리아, 길리기아, 아시아 등지에서 온 디아스포라 유대인들과 토론했는데, 지혜와 성령의 충만함으로 그들을 압도했다고 기록하고 있습니다(행 6:9-10). 이 때문에 스데반은 공회에 잡혀갔으며, 공회에서 변증한 내용으로 인해 신성 모독죄로 고소되었습니다(행 6:11-7:53). 곧 스데반은 자신의 변증을 끝맺기 직전에 '보라 하늘이 열리고 인자가 하나님 우편에 서신 것을 보노라'(행 7:56)고 하였는데, 이는 유대민족만의 특권적 종교를 고집했던 유대교 민족주의자들과 새로운 메시야 신앙을 유대교적 제도 안에서 받아들이려는 히브리 기독교인들에게 충격이 아닐 수 없었습니다.

곧 스데반의 변증에 등장하는 예수님은 히브리인이나 유대교를 넘어 우주 전체를 통치하는 메시야로서 왕좌에 앉아 계셨기 때문입니다.

결국 이 말을 듣고 있던 공회의원들과 유대인들은 큰 소리를 지르며 귀를 막고 그에게 달려들어 스데반을 성 밖에 내치고 돌로 쳐죽이고 말았습니다(행 7:57-58).

스데반의 죽음은 예루살렘 교회에 박해로 이어졌고, 많은 성도들은 이방 지역으로 뿔뿔이 흩어져 각 지역에서 복음을 전하게 되었습니다(행 8:4).

{으쌰으쌰~활동해요}

오늘 배운 스데반 집사의 이야기를 정리해보고 제시된 그림이 어떤 장면인지 생각해보면서 예쁘게 색칠해보도록 합니다.

48과 다메섹의 바울

1. 성경본문 | 사도행전 9:1-31

2. 외울 말씀 | 사울이 길을 가다가 다메섹에 가까이 이르더니 홀연히 하늘로부터 빛이 그를 둘러 비추는지라 (사도행전 9장 3절)

3. 리더들의 외침 | 예수님을 만나면 변화된다!

4. 공과 주제 |

1. 예수님은 다메섹에서 바울을 만나주셨어요.
2. 예수님을 만나기 전과 후의 바울
3. 예수님의 택하신 그릇 바울
4. 예수님과 바울의 만남

[공과 짜임새]

구분	시간	교사지침	준비물
1. 이야기 나누기	10분	예수님을 만나고 난 후 달라진 나의 모습 생각해보기	성경책 필기도구
2. 성경이야기 들려주세요	10분	예수님을 만난 후 증인의 삶을 산 바울 알아보기	
3. 말씀살피기	10분	바울의 예수님을 만나기 전과 후의 삶 살펴보기	
4. 활동하기	10분	숨은그림찾기	

[이렇게 시작하세요]

아이들에게 있어서도 만남은 아주 중요한 일입니다. 좋은 친구를 만나 서로가 덕이 될 수도 있지만 나쁜 친구들과 만나 사귀면 못된 습관과 나쁜 행실을 배우기 마련입니다. 그래서 좋은 친구들을 많이 사귈 수 있어야 합니다.

오늘 예수님을 만난 아주 극적인 인물이 있습니다. 바로 바울입니다. 바울은 예수님을 믿는 자들을 잡아 가두는 일을 도맡아했던 핍박자였습니다. 그런 그가 예수님을 만나 그분을 전하는 전도자가 되었습니다.

아이들에게 바울의 이야기를 들려주면서, 그가 예수님을 만나 변화된 과정을 잘 설명해주시길 바랍니다. 또한 우리 아이들의 마음 가운데 예수님을 만나고 싶어하는 간절한 소망이 있는지 이야기를 들어보시고 우리와 함께하시는 예수님을 만나기 위해 어떤 노력을 기울여야 할지도 이야기해 보세요.

1. 이야기 나누기

예수님을 만나고 나서(알고 나서) 달라진 나의 모습은 무엇이 있나요? 한 가지만 골라 나눠봅시다.

가이드)

예수님을 믿고 나서, 혹은 예전에 예수님을 믿었지만 진정으로 예수님을 알고 나면 우리의 삶은 반드시 변하게 됩니다. 예수님을 안다는 것은 반대로 내가 누구인지 안다는 것이지요. 죽을 수 밖에 없는 죄인인 나를 위해 죽으시고 다시 부활하신 대속의 은혜로 인해 우리는 의인이라 칭함받게 되었습니다. 그렇다면 우리는 예전의 죄인된 모습을 버리고 예수님을 닮아가게 된답니다.

예수님을 만나게 된 후 변하게 된 모습에는 비속어를 하지 않게 된 것, 동생(친 형제, 자매)과 싸우지 않으려고 노력하게 된 것, 거짓말을 하지 않으려고 노력하는 것 등이 있을 수 있습니다. 아이들의 다양한 나눔을 들으시면서 혹 달라진 모습을 나누는 것이 어려운 친구가 있다면 달라진 나의 마음에 대해 나누도록 해주셔도 좋습니다.

2. 성경이야기 들려주세요

바울의 본명은 사울이고, 로마명이 바울이에요. 바울은 율법의 엄격한 교훈을 받은 사람이었는데(행22:3) 배운 것도 많고 똑똑할 뿐 아니라, 아주 도덕적인 훌륭한 사람이었습니다. 하지만 기독교인들을 핍박하는 사람이었어요. 그는 예수님의 제자들이라는 이유로 그들을 미워하고 핍박했고 최초의 순교자가 된 스데반의 재판에 증인으로 들어가기도 했으며 기독교인들을 박해하는 일에 앞장섰던 사람입니다(행7:58;8:1-3).

그러던 어느 날, 바울은 다메섹에 있는 여러 회당으로 보낼 편지를 써달라고 요청하여 예수님을 믿는 사람들을 예루살렘으로 끌고 오려는 계획을 하고 다메섹으로 향했습니다(행9:1-2;22:4-5).

그리고 바울이 다메섹 가까이 이르렀을 때, 갑자기 하늘에서 환한 빛이 그를 둘러 비추었습니다. 그러자 그는 빛을 보고 땅에 엎드렸어요. 그리고 어디선가 "사울아 사울아 네가 어찌하여 나를 박해하느냐" 라는 소리가 들렸습니다. 바울이 "누구십니까" 하고 물어보자 예수님은 "나는 네가 박해하는 예수다" 라고 또 한 번 말씀하셨어요. 그리고 바울은 아무것도 볼 수 없게 되었는데 그는 어떤 사람의 손에 이끌려 다메섹으로 갔고 그후 3일 동안 보지 못하고, 먹지도 마시지도 못했어요(행9:4-9;22:7-11).

한편, 예수님은 다메섹에 있는 제자 아나니아 라는 사람을 부르셔서 지금 기도하고 있는 바울을 찾아가라고 하셨습니다. 그래서 바울은 환상 속에 아나니아라는 사람이 찾아와 자신에게 손을 얹어 시력을 회복시켜 주는 것을 보았어요. 그런데 아나니아는 그가 어떤 사람인지 알고 있었기 때문에 바울의 모든 악행을 예수님께 말씀드렸어요(행9:10-14). 그러자 예수님은 "가라 이 사람은 내 이름을 이방인과 임금들과 이스라엘 자손들에게 전하기 위하여 택한 나의 그릇이라" 고 말씀하셨습니다.

아나니아는 바울이 있는 집으로 들어가 그에게 안수했는데 바울의 눈에서 비늘 같은 것이 벗어져 다시 보게 되었고 그가 세례를 받고 음식을 먹으니 강건해졌어요. 또한 바울은 다메섹에 있는 제자들과 함께 있으면서 각 회당에서 예수님이 하나님의 아들이심을 전파했습니다. 이 사실을 알게 된 사람들은 모두 놀랐고 바울을 해치려는 사람들이 생겼지만 바울은 많은 나라와 사람들에게 예수님을 전파하는 복음 전달자가 되었어요.

바울은 다메섹 앞에서 예수님을 만났습니다. 그리고 그는 예수님을 박해하는 자에서 예수님이 택한 증인으로 변화되었습니다. 예수님을 만난 바울처럼 우리 친구들도 예수님을 만나 변화되는 주의 어린이가 되기를 바랍니다.

[확인하기] 아래 장면을 성경 이야기 들은 내용의 순서에 맞게 번호를 매겨 봅시다.

3. 말씀살피기

1. 바울은 예수님을 만나기 전과 후가 확연히 변화되었어요.
   우리도 바울처럼 변화되지 못한 죄가 있다면 예수님께 솔직히 고백해봅시다.

2. 바울은 예수님을 만나기 전과 후가 확연히 다릅니다. 어떻게 다른지 아래 보기를 예수님 만나기 전과 만난 후로 구분해서 번호를 넣어보세요.

예수님 만나기 전	예수님 만난 후
②, ④, ⑤, ⑦	①, ③, ⑥, ⑧

① 예수님의 증인의 삶을 살아감
② 사울
③ 안수를 받고 세례를 받음
④ 순교자 스데반은 죽어 마땅하다 생각함
⑤ 예수 믿는 사람을 핍박함
⑥ 복음을 전함
⑦ 예수 믿는 사람을 옥에 가둠
⑧ 바울

[말씀살피기 가이드]

[1번 문제] 바울은 다메섹 도상에서 예수님을 만남으로 변화되어 남은 생을 예수님의 복음을 전파하는 일에 앞장서는 예수님의 증인된 삶을 살았습니다. 바울은 다른 제자들처럼 예수님 곁에서 동행하지 않았지만, 다메섹에서의 예수님과 만남으로 인해 평생 예수님을 전파하였습니다. 바울에게 이 만남은 그 무엇보다 소중한 만남이 되었을 것입니다. 예수님을 만나 변화된 바울의 모습을 보며, 아직 회개하지 못한 나의 죄를 생각해보고 이 시간 예수님께 고백해보도록 합시다. 이를 통해 바울과 같이 새롭게 변화된 예수님의 어린이가 되기로 다짐하는 시간을 가져보세요.

[2번 문제] 오늘의 말씀을 총체적으로 파악할 수 있는 문제입니다. 세부적인 이야기는 많이 있지만 크게 보았을 때 바울은 예수님을 만나기 전에는 기독교인들을 박해하는 사람이었고, 예수님을 만난 후에는 예수님의 증인이 되어 많은 사람들에게 예수님이 하나님의 아들이심을 전파하는 복음 전달자가 되었습니다.

[참고자료]

거듭남이란

바울은 다메섹에서 예수님을 만남으로 거듭나게 되었습니다. 거듭났다는 것은 과거의 죄된 삶을 청산하고 예수님 뜻대로 살겠다는 전 인격적 변화를 의미합니다. 거듭남은 믿음이라는 확실한 마음의 고백과 믿음의 행동 역시 수반해야 올바른 거듭남이라 할 수 있습니다.
거듭남은 새롭게 태어남 혹은 새 사람이 되다라는 뜻으로 성경적으로는, 죄 때문에 영적으로 죽어 있던 존재가 은혜로 새 생명을 얻어 전 인격적이고 근본적으로 변화하는 것을 의미합니다. 이것을 '중생'(重生)이라고도 말합니다(요3:3; 벧전1:3). 중요한 것은 거듭남은 내 자의로 결심한다고 되는 것이 아니라 하나님의 주권적 역사로만 가능한 일입니다. 그래서 성경은 거듭난 자를 '하나님께로부터 난 자'(요1:13; 요일3:9), '하나님의 자녀'(요1:12), '새로 지으심을 받은 자'(갈6:15), '새로운 피조물'(고후5:17)이라고 기록하고 있습니다. 거듭남은 예수 그리스도를 믿음으로 가능합니다(요14:6). 또한 한 번으로 영원한 효과를 지니며(롬6:4), 영적인 성장의 출발점(엡4:24)이 되는 동시에 종말에 있을 완전한 구원과 연결됩니다(벧전1:3-12).

거듭남의 계기나 체험은 사람마다 다를 수 있습니다. 하지만 변화된 성품은 누구나 동일합니다. 바울은 다메섹에서 예수님의 음성을 들었고, 눈이 멀었던 거듭남의 체험을 통해 예수님을 만나게 되었으며, 예수믿는 자를 잡아 가두는 반대자에서 복음을 전하는 전도자로 바뀌게 됩니다. 이것이 거듭난 자의 변화입니다.

바울의 혈통과 교육

바울은 유대민족 중 한 사람이었습니다. 그는 유명한 길리기아 다소 출신으로 그 도시의 자유민으로서 출생하였습니다. 그는 지식교육과 진보적인 교육을 받은 자로 예루살렘과 유대 학문의 중심지인 가말리엘의 문하에서 양육 받았습니다(행22:3).

그러므로 그는 율법에 관해서 무지할 수 없었으며, 율법을 모르기 때문에 그 율법을 업신여기는 자로 간주될 수도 없었습니다. 어려서부터 엄격한 교육을 통해 율법주의는 더해져갔을 것입니다. 그런 그는 자연스레 그리스도를 믿지 않고, 그를 믿는 사람들을 박해하는데 앞장섰습니다. 그렇지만 예수님께서 택하셔서 부르신 다메섹에서의 만남이 이전의 모든 일들을 멈추게 만들었습니다. 즉 예수님과의 만남으로 인해 모든 것이 변화되었습니다. 그리스도를 박해하는 일에 앞장서던 그가 다메섹에서의 그 한 번의 만남으로 여러 나라를 두루 다니며 예수님을 전하는 일에 앞장서는 사람으로 변화된 것입니다.

{으쌰으쌰~활동해요}

다메섹에서 예수님을 만나고 난 뒤 변화된 바울의 모습을 기억하며 재미있는 숨은그림찾기 활동을 해봅시다.

49과 베드로를 도와준 천사

1. **성경본문** | 사도행전 12:1-24

2. **외울 말씀** | 이에 베드로는 옥에 갇혔고 교회는 그를 위하여 간절히 하나님께 기도하더라 (사도행전 12장 5절)

3. **리더들의 외침** | 우리 모두 함께 간절히 기도해요!

4. **공과 주제** |
   1. 베드로가 어려움을 당했을 때, 교회는 가장 먼저 하나님께 간절히 기도했어요.
   2. 누군가를 위해 기도했을 때 일어나는 놀라운 일
   3. 모든 상황에서 가장 먼저 기도를 드리자!

[공과 짜임새]

구분	시간	교사지침	준비물
1. 이야기 나누기	10분	기도제목 나누기	성경책 필기도구
2. 성경이야기 들려주세요	10분	베드로가 감옥에 갇힌 사건 살펴보기	
3. 말씀살피기	10분	천사가 베드로에게 한 말 생각해보기	
4. 활동하기	10분	베드로 아저씨에게 편지쓰기	

[이렇게 시작하세요]

우리가 누군가를 위해 기도한다는 것은 참으로 귀한 일입니다. 그리고 다른 사람을 위해 기도할 때 정말 놀라운 일들이 일어나기도 하지요. 베드로가 옥에 갇혔을 때, 교회는 바울을 위해 기도했습니다. 내가 지쳐서 기도할 힘 조차 없을 때, 누군가 나를 위해 기도해준다는 사실은 큰 힘이 됩니다.
그렇다고 해서 '내가 기도하지 않아도 누군가 나를 위해 기도해주겠지' 라는 마음을 가진다면 그것은 바람직한 모습이 아닙니다. 먼저는 우리 아이들이 내가 하나님 앞에 나아가는 것이 가장 중요한 일임을 깨달을 수 있도록 잘 설명해주세요.
또한 나도 다른 사람을 위해 기도해야 함을 잊어선 안 됩니다. 우리가 다른 사람을 위해 기도할 때 하나님께서는 간절한 기도를 들으시고 기도에 응답해주세요. 우리 아이들이 오늘 말씀을 통해 기도의 중요성을 깨닫게 되기를 바랍니다.

1. 이야기 나누기

요즘 내가 기도하고 있는 기도제목은 무엇이 있나요? 함께 나눠본 후 서로를 위해 기도하는 시간을 가져봅시다.

가이드)

누구나 마음의 소원이나 어떠한 목표를 놓고 하나님 앞에 나아와 기도할 것입니다. 이것은 아직 어린 친구들이라고 할지라도 예외는 아니지요. 아직 예수님을 믿지 않는 부모님을 위해 기도하는 것, 아픈 곳이 치료되기 위해 기도하는 것, 어떤 시험이나 공부를 위해 기도하는 것 등이 있을 수 있고 아니면 하나님을 더 알기 위해 기도하거나 말씀을 더 깨닫기 위해 기도하는 것이 될 수도 있습니다. 아이들이 나눌 수 있는 범위에서 서로의 기도제목을 나눠보도록 인도해주세요. 이 시간을 통해 서로를 더 이해하고 서로를 위해 기도하는 사랑 가득한 믿음의 공동체가 될 것입니다. 시간이 된다면 함께 나눈 후에 잠깐이라도 서로를 위해 기도하는 시간을 가져보는 것도 좋습니다.

2. 성경이야기 들려주세요

신약시대에 헤롯이라는 왕이 있었는데 이 왕은 교회에 속한 사람을 해치려고 했어요. 그래서 예수님의 제자 야고보를 해치게 하고 이를 본 유대인들이 기뻐하자 이번에는 베드로까지 잡으려고 했습니다. 그리고 결국, 베드로는 잡혀서 옥에 갇히게 되었어요. 그곳은 베드로가 빠져나가지 못하도록 네 명의 경비가 지키고 있었습니다. 베드로와 베드로 주변의 사람들은 얼마나 마음이 아프고 걱정되고 두려웠을까요? 그러나 힘들고 어려운 상황에서 그들은 간절히 기도했어요. 그러자 놀라운 일이 일어났습니다.

헤롯이 베드로를 사람들 앞에 끌어내려고 했던 전날 밤, 베드로는 쇠사슬에 묶인 채 두 군인 사이에서 잠들어 있었고 문 앞에는 감옥을 지키는 파수꾼들이 있었습니다. 그들은 베드로가 빠져나가지 못하도록 옥 문을 철저하게 지키고 있었어요. 그런데 그때, 주님이 보내신 천사가 나타나 감옥에 빛이 환하게 비치더니 천사가 베드로의 옆구리를 쳐서 깨우며 이렇게 말했습니다. "빨리 일어나라." 그러자 베드로의 손에 묶여있던 쇠사슬이 풀렸고 천사는 베드로에게 "띠를 띠고 신을 신어라"고 말했습니다. 베드로가 천사의 말대로 하자, 다시 "겉옷을 입고 따라오라"고 말했어요.

그렇게 천사와 베드로가 감옥 지키는 곳을 지나서 시내로 통하는 철문까지 갔더니 이번에는 문이 저절로 열렸고 그들이 밖으로 나와 한 거리를 지나자, 천사가 떠나갔습니다. 그제서야 베드로는 주님께서 천사를 보내셔서 헤롯의 손에서 벗어나게 하신 것을 알게 되었어요. 베드로는 그 길로 요한의 어머니 마리아의 집에 갔습니다. 마리아의 집에 있던 사람들은 여전히 모여서 기도하고 있었어요. 그런데 베드로가 나타나자 사람들은 깜짝 놀랐고 베드로는 주님께서 자신을 감옥에서 인도하여 내신 일을 이야기했어요. 그리고 그는 이 사실을 야고보와 다른 사람들에게 전하라는 말을 남기고 다른 곳으로 갔습니다.

그 다음날, 날이 밝아 헤롯과 군인들은 베드로를 찾아 마리아의 집으로 쳐들어왔어요. 하지만 베드로를 찾을 수 없었겠죠. 그렇게 하나님의 천사는 베드로를 도왔고, 하나님께 영광을 돌리지 않고 오히려 그리스도인들을 괴롭힌 헤롯은 이후에 주님의 천사가 내리쳤고 비참하게 생을 마감하고 맙니다.

우리 친구들은 주변에서 어려움에 처한 사람들을 보았을 때 어떻게 하나요? 또한 반대로 내가 힘들고 어려울 때는 어떤가요? 우리 모두 다른 것보다 먼저 기도를 해야 합니다. 그리하여 성경 속 일들처럼 기도의 놀라운 힘을 발견하며 살아가는 모두가 되면 좋겠어요.

[확인하기]

아래 장면을 성경 이야기 들은 내용의 순서에 맞게 번호를 매겨 봅시다.

3. 말씀살피기

1. 기도가 필요한 친구가 있나요? 이름을 적고 기도문을 써봅시다.

사랑하는 친구 야

너의 친한 친구

2. 복음을 전하다 감옥에 갇힌 베드로에게 천사가 찾아가 한 말이 있어요.
무슨 말을 했는지 올바른 단어를 골라 ◯에 알맞은 말을 넣어보세요.

도망쳐라, 일어나라, 웃옷, 잠바, 겉옷, 잠을 자라,
따라와라, 띠, 띠, 신, 신어,

"빨리 ㉧㉧㉧㉧"

"빨리 (일)(어)(나)(라)"
"(띠)를 (띠)고 (신)을 (신)(어)라"
"(겉)(옷)을 입고 (따)(라)(와)(라)"

[말씀살피기 가이드]

[1번 문제] 베드로가 감옥에서 기적같은 방법으로 나올 수 있었던 것은 교회가 합심하여 하는 간절한 기도 때문이었습니다. 이처럼 하나님께 드리는 기도는 중요한 것입니다. 이 시간 오늘 배운 말씀을 기억하며 기도가 필요한 친구를 생각해보고 그 친구를 위해 기도문을 작성해보도록 합시다.

[2번 문제] 오늘 말씀을 제대로 들었다면 풀 수 있는 문제입니다. 잘 생각나지 않는 친구들이 있다면 오늘의 이야기 내용 중 천사가 말한 부분을 다시 읽어주셔서 아이들 모두가 재미있게 문제를 풀어볼 수 있도록 인도해주세요.

[참고자료]

함께 모여 하는 기도의 힘

베드로는 천사의 도움을 받아 무사히 감옥에서 나와, 곧바로 믿음의 식구들이 모인 처소로 갔습니다. 그 집은 요한 마가의 어머니이자, 바나바의 자매인 마리아의 집이었습니다. 그 가정 교회에서 작은 예배 모임을 갖고 있었습니다. 베드로는 그곳에서 많은 사람들이 함께 기도하고 있음을 알았습니다. 모두 곤하게 잠든 야심한 시각, 그들은 베드로를 위하여 기도하고 있었습니다. 그들의 기도는 첫째, 그들은 간절하게 오래도록 기도했습니다. 둘째, 그들은 함께 모여 기도하였습니다. 셋째, 기도회에 모인 사람의 수효가 많았습니다. 이런 기도 가운데 베드로가 감옥에서 나왔습니다. 하나님께서는 간절한 기도에 놀라운 방법으로 응답해주시는 분입니다. 그분의 응답을 모르고 넘어가지 않도록 그리스도인들은 더욱 깨어 간절히 기도해야 합니다.

예수님의 기도

예수님은 무엇보다 기도의 본을 보이신 분입니다. 공생애 시작부터 40일간 금식 기도로 사역을 시작하셨습니다. 감람산 겟세마네는 예수님의 주요 기도처였습니다. 예수님은 홀로 한적한 곳을 찾아 기도하시기도 하셨고, 제자들과 함께 자주 기도하러 산에 오르시기도 하셨습니다. 뿐만 아니라, 제자들에게 늘 기도할 것을 명하셨습니다. 겟세마네의 처절한 기도의 내용과 십자가 상에서의 하신 말씀도 하나님께 향한 기도의 내용이 대부분이었습니다.
특별히 요한복음 17장은 예수님께서 우리를 위한 중보자적 기도로 큰 의미와 사랑을 느낄 수 있는 기도문이라 할 수 있습니다.

[예수님 승천이후 주요 교회 사건]

A.D 30년	예수님의 승천(행1:9-11) 예수님께서 베드로와 제자들에게 나타시고, 40일간 가르치신 후 감람산에서 승천
A.D 30년	오순절 성령강림(행2:1-4) 불이 혀같이 갈라지고, 각기 다른 방언을 함. 성령이 기름붓듯 역사하심.
A.D 32년	스데반 집사의 순교(행7:1-60) - 평신도 최초 순교
A.D 33년	사울의 회심(행9:1~19)
A.D 44년	야고보 순교, 베드로 투옥(행12:1~25) - 헤롯왕에 의해 칼에 맞아 순교
A.D 47~49년	바울의 1차 전도여행(행13:1~14:28)
A.D 49년	예루살렘 회의(행15:1~29) - 고넬료 구원사건을 통한 이방인 구원 확정.
A.D 49~51년	바울의 2차 전도여행(행15:36~18:22)
A.D 52~57년	바울의 3차 전도여행(행18:23~21:286)
A.D 59년	바울의 체포, 심문, 호송(행21:27~28:16)
A.D 60년	바울의 투옥과 전도(행28:17~31)
A.D 70년	예루살렘 멸망

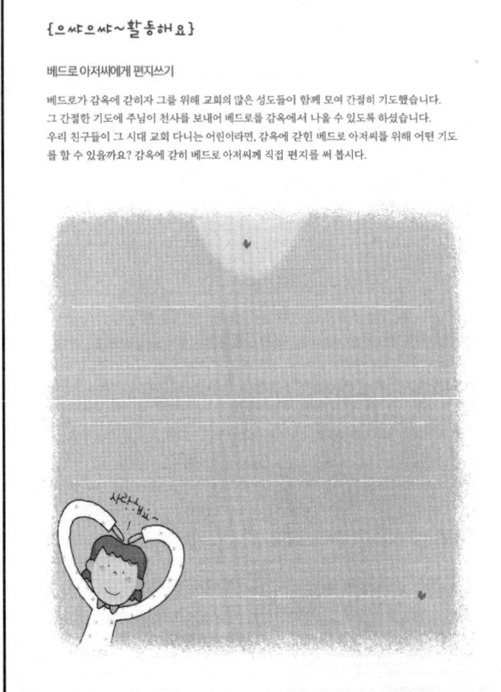

{으쌰으쌰~활동해요}

베드로 아저씨에게 편지쓰기

베드로가 감옥에 갇히자 그를 위해 교회의 많은 성도들이 함께 모여 간절히 기도했습니다. 그 간절한 기도에 주님이 천사를 보내어 베드로를 감옥에서 나올 수 있도록 하셨습니다. 우리 친구들이 그 시대 교회 다니는 어린이라면, 감옥에 갇힌 베드로 아저씨를 위해 어떤 기도를 할 수 있을까요? 감옥에 갇히 베드로 아저씨께 직접 편지를 써 봅시다.

{으쌰으쌰~활동해요}

아이들이 베드로 아저씨에게 편지를 써보면서 다른 사람을 위한 기도가 얼마나 중요하고 또 우리에게 기쁨이 되는지 깨닫게 되기를 바랍니나. 문상의 실이보다 아이들이 진지하게 편지를 써볼 수 있도록 도와주세요.

50과 바울과 바나바의 전도여행

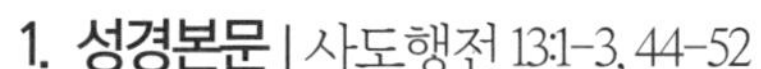

1. **성경본문** | 사도행전 13:1-3, 44-52

2. **외울 말씀** | 주께서 이같이 우리에게 명하시되 내가 너를 이방의 빛으로 삼아 너로 땅 끝까지 구원하게 하리라 하셨느니라 하니 (사도행전 13장 47절)

3. **리더들의 외침** | 내가 받은 은혜를 전하자!

4. **공과 주제** |
   1. 성령께서 바울과 바나바를 따로 부르셨어요.
   2. 바울과 바나바는 성령의 인도하심 따라 전도여행을 시작했어요.
   3. 온 시민이 하나님의 말씀을 듣고자 하여 모였어요.
   4. 이방인들에게도 복음이 전해졌어요.

[공과 짜임새]

구분	시간	교사지침	준비물
1. 이야기 나누기	10분	전도에 대한 생각 나누기	성경책 필기도구
2. 성경이야기 들려주세요	10분	바울과 바나바가 성령의 보내심을 받아 전도여행을 떠난 이야기 살펴보기	
3. 말씀살피기	10분	이방인 전도에 있어서 중요한 인물과 교회 알아보기	
4. 활동하기	10분	이야기 만들기	

[이렇게 시작하세요]

'이방인'이란 말은 성경에서 이스라엘 백성을 제외한 모든 나라의 백성들을 말합니다.
이스라엘이 하나님께서 택하신 선민 백성임은 분명하지만 그들은 선민의식으로 인해 유대인만의 우월감을 갖고 있었고 다른 민족들을 무시하는 교만으로 자리잡게 되었습니다. 유대인들의 생각 속에 이방인들은 구원받을 수 없는 민족으로 여겼습니다. 또한 이스라엘 민족은 늘 헛된 자랑에 사로잡혀 있었습니다. 그런데 이방인이었던 우리도 하나님께 선택받고 예수님을 믿게 되었습니다. 그리고 이렇게 될 수 있었던 데에는 누군가의 믿음과 열정이 있었습니다.
바로 초대교회의 복음전도자들, 특별히 바울과 같은 이방인을 상대로 전도했던 전도자가 있었기 때문에 가능했습니다. 그리고 그 사람을 통해 이방인에게도 복음이 전해졌고 복음을 접한 사람들은 점점 늘어나게 되었습니다.
오늘 말씀을 통해 아이들에게 복음 전도가 얼마나 중요한 사명인지 잘 알려주세요. 또한 우리는 예수님을 믿는 자로서 아직 구원받지 못한 내 친구, 이웃에 등불과 같은 역할을 감당해야 할 사명이 있음을 알려주시고 전도가 얼마나 중요한 일인지도 알려주시길 바랍니다.

1. 이야기 나누기

'전도'하면 떠오르는 이미지는 무엇인가요? 떠오르는 생각을 함께 나눠봅시다.

가이드)

우리에게 있어 전도는 예수님께서 나의 죄를 대신 짊어지시고 죽으셨으며 다시 부활하셨다는 것, 그렇기 때문에 예수님을 믿으면 우리가 영생을 얻고 천국에 갈 수 있다는 복음의 기쁜 소식을 전하는 것입니다. 그런데 요즘 지하철이나 사람들이 많이 모여있는 곳에 가면 크게 소리를 지르거나 '예수천당 불신지옥' 같은 자극적인 문구로 전도를 하는 분들 때문에 전도라는 단어를 떠올리면 저절로 얼굴을 찌푸리게 되는 경우도 있지요. 반대의 경우엔 전도를 통해 예수님을 알게 되고 전도하는 분들의 선한 모습으로 따뜻하고 긍정적인 이미지를 갖고 있는 경우도 있습니다.
아이들의 다양한 생각을 들어보시면서 성경에서는 어떠한 모습으로 전도를 했었는지, 그리고 우리가 나아갈 방향은 무엇인지 함께 고민하는 시간을 가져보시길 바랍니다.

2. 성경이야기 들려주세요

이방인 전도에 힘쓴 사람은 사도 바울과 바나바로서, 바울은 그리스도인들을 박해하러 가는 길에 다메섹에서 예수님을 만나 회심하고 하나님께로 돌아선 사도입니다. 그리고 누구보다도 신실한 예수님의 사도로서의 삶을 살아가지요. 바나바는 착하고 성령과 믿음이 충만하며(행11:24) 구제와 말씀전파에 열정이 있었던 사람이에요. 또한 바울이 회심하기 전 많은 그리스도인들을 박해한 것을 못 마땅히 여기는 사람들에게 바울을 좋게 여기도록 한 사람입니다.

바로 이 두 사람이 우리가 복음에 대한 소식을 들을 수 있도록 전도여행을 했습니다. 그 일에 있어서는 '안디옥 교회'도 아주 중요한 역할을 했어요. '안디옥'이라는 곳에 세워진 안디옥 교회는 최초의 이방인교회로 제자들은 그곳에서 처음으로 '그리스도인'이라는 일컬음을 받게 되었습니다(행11:26). 바울과 동역자들이 선교를 하는 동안 안디옥교회에서 후원을 하였고 최초의 이방선교에 헌신한 교회로 이름을 남기게 되었어요. 그런 안디옥 교회에 선지자들과 교사들이 있었는데 그 중에 바울과 바나바도 있었어요.

이들이 금식을 할 때, 성령님께서는 "내가 불러 시키는 일을 위하여 바나바와 사울을 따로 세우라" 하셨고 (이때는 사울이라는 이름을 사용했습니다. 사울과 바울은 같은 사람이라는 것을 설명해주세요.) 바울과 바나바는 금식하며 기도하고 안수를 받고 전도여행을 떠나게 되었습니다. 그들은 성령의 보내심을 받고 이곳저곳을 다니며 예수님을 전했어요. 그러나 유대인들은 그들을 보며 시기하고 반박했어요. 그러자 바울과 바나바는 유대인들에게 하나님의 말씀을 마땅히 먼저 전했지만 그것을 버리고 영생을 얻기에 합당하지 않은 자로 자처했기 때문에 이방인에게 하나님의 말씀을 전할 것이라고 담대히 말했고 그리고는 이방인들에게 전했어요.

"주께서 이같이 우리에게 명하시되 내가 너를 이방의 빛으로 삼아 너로 땅 끝까지 구원하게 하리라 하셨느니라" 이 말을 들은 이방인들은 기뻐하며 그 말씀을 굳게 믿었고(행13:44-48) 주님의 말씀은 그 지방에 널리 퍼졌습니다. 그러자 유대인들은 사람들을 동원하여 바울과 바나바를 박해하고 그 지역에서 쫓아냈고 두 사람은 그들을 향해 발의 티끌을 털어버리고 다른 지역으로 떠났어요. 비록 그렇게 해서 쫓겨난 상황이었지만 제자들은 기쁨과 성령이 충만했습니다(행13:49-52).

[확인하기] 아래 장면을 성경 이야기 들은 내용의 순서에 맞게 번호를 매겨 봅시다.

3. 말씀살피기

1. 전도에 대한 경험이 있나요? 있다면 어떤 경험인지 나누어 보아요.

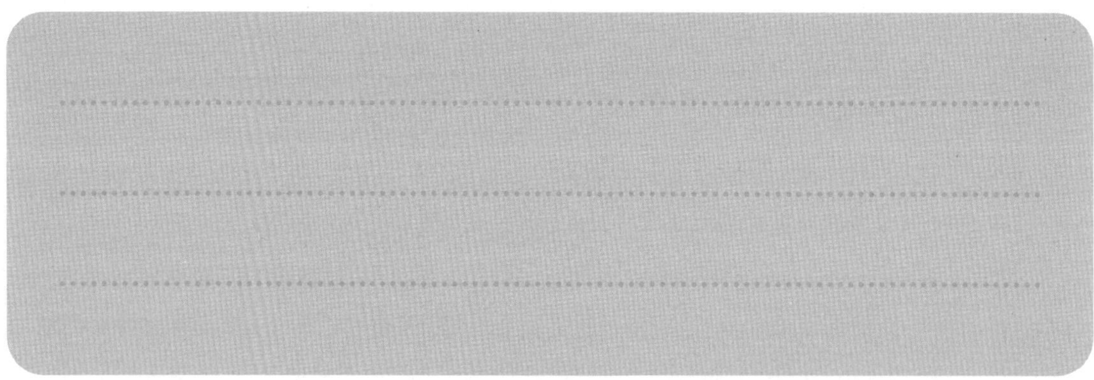

2. 다음은 이방인 전도를 위해 중요한 역할을 한 인물과 교회입니다.
해당하는 내용의 번호를 골라 네모박스안에 맞게 채워보세요.(중복선택 가능)

바울	바나바	안디옥 교회
①, ②, ③, ⑤, ⑥, ⑦, ⑧, ⑨	③, ⑤, ⑨	④, ⑧

① 다메섹에서 예수님을 만남

② 설교자로서의 능력을 인정받음

③ 성령님께서 부르셔서 안수를 받고 전도여행을 떠남

④ 최초의 이방인교회

⑤ 하나님의 말씀을 전하다가 유대인들에게 박해를 당함

⑥ 구제와 말씀 전파에 열정이 있었다.

⑦ 예수님을 만난 후로 회개하고 사도의 삶을 살아감

⑧ 최초로 '그리스도인'이라 불리웠다.

⑨ 기쁨과 성령이 충만함

[말씀살피기 가이드]

[1번 문제] 전도에 대해 어떤 생각을 가지고 있는지 먼저 알고자 하는 것입니다. 꼭 내가 전도를 한 일이 아니어도 전도를 받았거나, 전도하는 사람을 봤다거나 하는 전도에 대한 모든 경험에 대한 것이니 자유롭게 생각을 이야기할 수 있도록 합니다.

[2번 문제] 이방인 전도에 바울과 바나바 그리고 안디옥교회를 빼놓을 수 없습니다. 그만큼 이방인 선교활동에 중요한 역할을 했기 때문입니다. 그래서 각각 중요한 인물과 교회에 대한 말씀의 내용을 문제로 풀어봄으로써 더욱 기억할 수 있도록 하는 것이 중요합니다. 바울과 바나바에 해당하는 항목을 중복으로 선택할 수 있도록 지도해주세요.

[참고자료]

최초의 이방인 중심의 교회 안디옥 교회

사도행전 1장 8절에는 복음이 전파되는 순서가 기록되어 있습니다.
그것은 예루살렘과 온 유대 그리고 사마리아와 땅끝입니다. 그래서 교회의 시작은 오순절 성령강림 사건을 통해 제일 먼저 예루살렘에서 시작됩니다. 그후, 빌립을 통한 사마리아 사역이 시작되었고, 바울의 회심을 통해 이방인에게 복음이 전해지게 되었습니다.
이런 복음전파에 가장 중요한 점은 복음전파는 사도들에 의해 전해졌지만, 그들을 이끌고 역사케 하신 분은 성령님이시라는 사실입니다. 다시말해 모든 복음사역은 성령께서 직접 관여하시는 하나님의 사역입니다. 복음의 기쁜 소식은 예루살렘과 팔레스타인을 거쳐 마침내 안디옥까지 전해졌습니다. 성령께서는 바울과 바나바를 택하셔서 이방인들을 하나님께로 돌아오도록 하셨고 그로인해 안디옥교회가 세워졌는데 이는 이방인 중심의 최초의 교회가 되었습니다.

사도바울

'바울은 혈통적으로는 아브라함의 씨에서 난 자이고 베냐민 지파 출신으로 순수 히브리인이었습니다. 바울은 난 지 8일 만에 할례를 받고 유대교와 유대 전통에 정통했던 자(롬 11:1; 고후 11:22; 갈 1:14; 빌 3:5-6) 였습니다. 그가 태어난 곳은 길리기아의 다소였습니다(행 21:39; 22:3). 그는 출생 당시부터 로마 시민권자였습니다(행 22:25-28).

바울은 예루살렘 교회를 핍박하는 데 그치지 않고 다메섹 성도들을 체포하기 위해 대제사장의 공문을 받아 다메섹으로 가던 도중 밝은 대낮, 정오에 노상에서 부활하신 주님을 만나 회심됩니다. 그리고 회심한 이후 이방인 사도로 훌륭하게 주님의 사역을 감당합니다.

바울의 선교 여정을 살펴보면 그는 수리아와 길리기아 지역(바울의 고향)에서 약 10여 년의 시간을 보내게 됩니다. 그 후반부에 바나바의 부름을 받아 안디옥 교회에서 공동 사역하게 됩니다(행 11:25-26). 그리고 바나바의 증언으로 예루살렘 교회 사도들의 인정을 받게 되며 바나바, 마가와 더불어 안디옥 교회로부터 선교사로 파송받고 1차 선교여행에 나서게 됩니다(행 13:1-14:28). 그후 구브로 섬의 도시들, 소아시아의 버가, 이고니온, 루스드라, 더베 등지에서 선교합니다. 마가의 문제로 바나바와 결별하고 실라와 함께 2차 선교여행을 떠나게 되는데(행 15:36-18:22) 소아시아를 거쳐 헬라, 마게도냐 지방의 빌립보, 데살로니가, 베뢰아, 아가야 지방의 아덴, 고린도 등지에서 복음을 전합니다. 그리고 3차 선교여행은 1, 2차 선교여행 때 세운 교회들을 돌아보며 에베소에서 3년 간 목회하며 전도합니다(행 18:23-21:14). 이후 예루살렘으로 귀환하여 유대인들에게 체포되었고(행 21:27-23:22) 가이사랴 빌립보에 이송되었다가(행 23:23-27) 황제에게 재판받기 위해 로마로 향하게 됩니다(행 25:1-26:32; 27:1-28:16). 비록 죄인의 신분이었지만, 1차로 2년 간 로마에서 가택연금 상태로 비교적 자유롭게 복음을 전할 수 있었고 그후 네로황제의 박해로 순교당했다고 전해지고 있습니다.

{으쌰으쌰~활동해요}

먼저 아이들에게 오늘 배운 내용을 토대로 제시된 4가지 그림이 어떤 상황인지 물어보신 후에 아이들 나름의 상상력을 발휘하여 새로운 이야기를 만들어보도록 합니다.

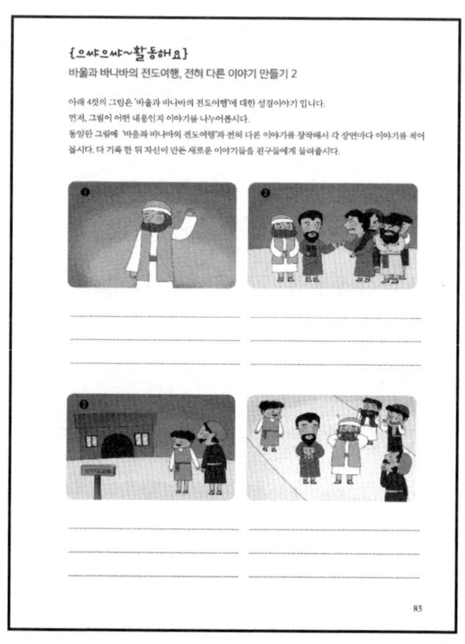

{으쌰으쌰~활동해요}

바울과 바나바의 전도여행, 전혀 다른 이야기 만들기 2

아래 4컷의 그림은 '바울과 바나바의 전도여행'에 대한 성경이야기 입니다.
먼저, 그림이 어떤 내용인지 이야기를 나누어봅시다.
동일한 그림에 '바울과 바나바의 전도여행'과 전혀 다른 이야기를 창작해서 각 장면마다 이야기를 적어봅시다. 다 기록 한 뒤 자신이 만든 새로운 이야기들을 친구들에게 들려줍시다.

83

5과 바울과 실라의 전도여행

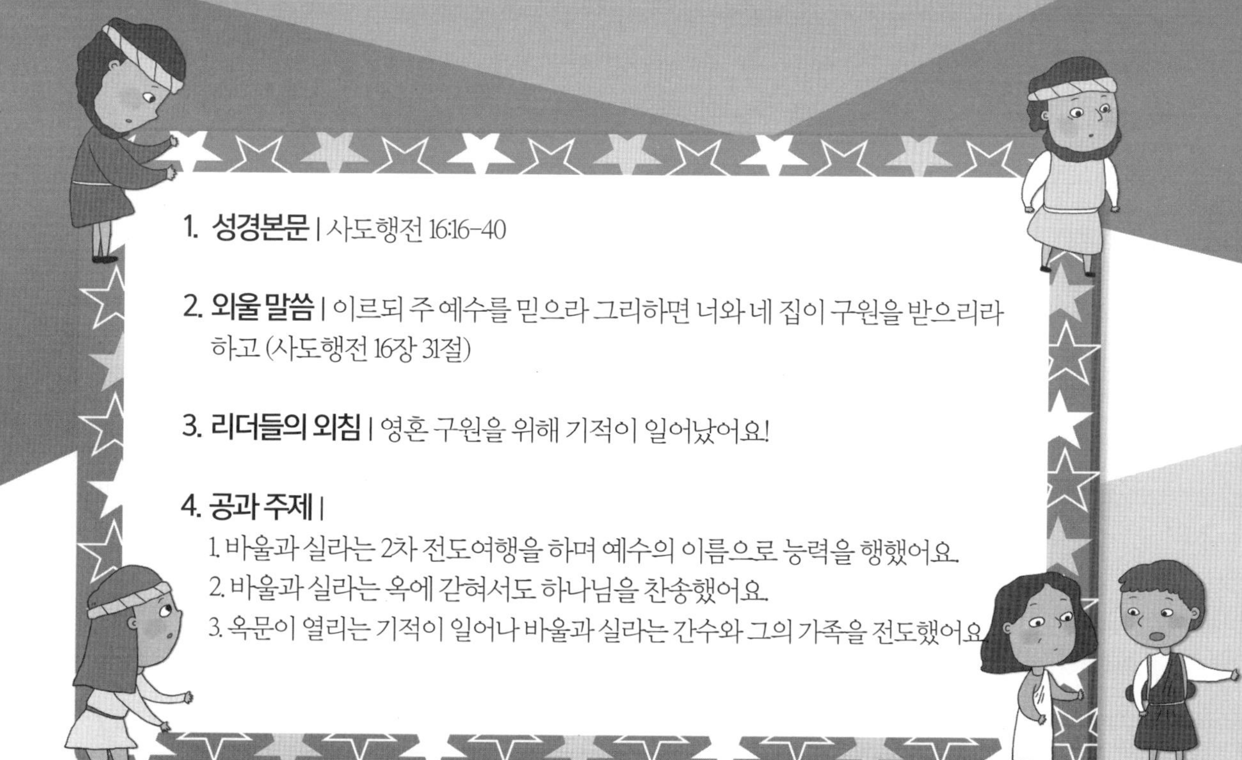

1. **성경본문** | 사도행전 16:16-40

2. **외울 말씀** | 이르되 주 예수를 믿으라 그리하면 너와 네 집이 구원을 받으리라 하고 (사도행전 16장 31절)

3. **리더들의 외침** | 영혼 구원을 위해 기적이 일어났어요!

4. **공과 주제** |
   1. 바울과 실라는 2차 전도여행을 하며 예수의 이름으로 능력을 행했어요.
   2. 바울과 실라는 옥에 갇혀서도 하나님을 찬송했어요.
   3. 옥문이 열리는 기적이 일어나 바울과 실라는 간수와 그의 가족을 전도했어요.

[공과 짜임새]

구분	시간	교사지침	준비물
1. 이야기 나누기	10분	나만의 '복음 전하는 방법' 생각해보기	성경책 필기도구
2. 성경이야기 들려주세요	10분	바울과 실라의 전도여행 중 일어난 일 살펴보기	
3. 말씀살피기	10분	바울과 실라의 전도여행 이야기 정리해보기	
4. 활동하기	10분	한 주간 부를 찬양 정하기	

[이렇게 시작하세요]

오늘 말씀은 바울과 실라의 전도여행 중 생긴 일입니다. 귀신에 의해 점을 치는 여종을 예수 이름으로 고쳐준 죄로 바울과 실라는 여종의 주인에게 고소를 당하게 됩니다. 고소한 이유는 주인이 점치는 여종을 통해 많은 돈을 벌어들였는데 귀신이 떠나가자 더 이상 여종이 점을 칠 수 없었기 때문이었습니다. 그로인해 생기는 수익이 끊기자 바울과 실라를 고소한 것입니다.
그후 바울과 실라는 빌립보 감옥에 갇히게 되었는데 이들은 그곳에서 하나님께 감사의 찬양을 드렸고 그러자 놀랍게도 옥문이 열리고 착고가 풀리며 지진이 나는 기적이 발생했습니다.
오늘 이야기를 통해 아이들에게 복음전파의 사명에 대해 알려주세요. 특별히 예수님을 믿지않는 친구를 전도하는 일은 너무도 귀한 일입니다. 또한 바울과 실라가 감옥에 갇힌 상황에서도 감사의 찬송을 불렀던 것처럼 우리에게 힘들고 어려운 일이 있을 때에도 늘 언제나 하나님께 감사할 수 있는 어린이가 되도록 지도해주세요.
하나님은 우리 아이들을 사랑하셔서 예수님을 이 세상으로 보내주시고 구원을 얻게 하셨습니다. 이런 기쁜 소식을 우리만 알고 믿어서 우리만 구원을 받는 것이 과연 행복한 일일까요?
오늘 등장하는 바울과 실라의 모습을 통해 우리 아이들이 거룩한 도전을 받아 복음의 기쁜 소식을 담대히 전하게 되기를 바랍니다.

1. 이야기 나누기

내가 복음을 전한다면 어떻게 전할 수 있을까요? 각자의 개성을 살려서 복음 전하는 방법을 생각해봅시다.

가이드)

우리 아이들이 전하고자 하는 복음이 무엇인지 제대로 알고 있다면 그것을 전하는 방법은 각 사람에 따라 달라도 될 것입니다. 오히려 각자의 특기나 개성에 맞게 복음을 전한다면 복음을 더욱 효과적으로 전할 수 있을지 모릅니다.
먼저 아이들 각자가 가지고 있는 특기, 좋아하는 것, 잘하는 것 등을 생각해보도록 해보세요. 아이들에 따라 그림그리기, 피아노치기, 글쓰기, 춤, 노래 등 다양한 특기가 나올 것입니다. 그후에 각자의 개성을 통해 어떻게 복음을 전할 수 있을지 생각해보도록 한다면 아이들이 생각하는데 좀 더 도움이 될 것입니다. 이 과정을 통해 실제로 아이들과 함께 복음을 전하는 시간을 가지시면 더욱 의미있고 소중한 시간을 보낼 수 있을 것입니다.

2. 성경이야기 들려주세요

바울은 2차 전도여행을 떠나게 되었는데, 그는 동행자로 실라를 택해 전도여행을 했습니다. 그리고 어느 날, 그들은 귀신들려 점을 치는 여종을 만나게 되었습니다. 그 여종은 점을 치고 돈을 받아 여종의 주인들에게 큰 이익을 주고 있었어요. 그런데 그 여자가 바울과 실라를 따라오면서 큰 소리로 "이 사람들은 지극히 높으신 하나님의 종들인데, 여러분에게 구원의 길을 전하고 있다" 라고 외쳤어요. 이렇게 여러 날이 계속 되자, 바울은 괴로워하다가 그 귀신에게 말했습니다. "예수 그리스도의 이름으로 내가 네게 명하노니 그에게서 나오라"

그러자 귀신이 그 즉시 나왔고 여종의 주인들은 여종이 점을 쳐서 번 돈을 받을 수 없게 되자 바울과 실라를 붙잡아 장터 관리들에게 끌고 갔어요. 그리고는 이들이 우리 성을 심히 요란하게 하여 로마 사람인 우리가 받지도 못하고 행하지도 못할 풍속을 전한다고 고발했어요. 이에 상관들은 바울과 실라의 옷을 찢어 벗기고 매로 치라고 지시하고 옥에 가두기까지 했습니다.

그런 상황에서 바울과 실라는 하나님께 기도하고 찬송했어요. 그러자 모든 죄수들이 듣게 되었고 이에 갑자기 큰 지진이 나서 감옥이 움직이고 문이 열리며 모든 사람의 묶인 것이 풀리는 기적이 일어났습니다. 한편 간수는 자다가 깨어 옥문들이 열린 것을 보고 죄수들이 도망한 줄 알고 칼을 빼어 목숨을 끊으려고 했어요. 그것을 본 바울은 크게 소리를 질러 우리가 여기 있으니 몸을 상하게 하지 말라고 했습니다. 이에 간수는 바울과 실라 앞에 엎드려 어떻게 하면 구원을 받을 수 있는지 물어보았어요. 그러자 바울은 대답했습니다. "주 예수를 믿으라 그리하면 너와 네 집이 구원을 받으리라" 그리고 주의 말씀을 그 사람과 그의 집에 있는 사람들 모두에게 전했고 간수는 바울과 실라를 데리고 와 맞은 자리를 씻어주고, 자신과 온 가족이 다 세례를 받은 후 그들을 데리고 자기 집에 올라가서 음식을 차려 대접했어요.

간수는 자신은 물론 온 집안이 하나님을 믿게 되자 매우 기뻐했어요. 그리고 다음날, 상관들은 부하를 보내어 두 사람을 놓아주라고 했지만, 바울은 로마 사람인 우리를 죄도 정하지 않고 공중 앞에서 때리고 옥에 가두었다가 이제는 가만히 내보내고자 한다며, 상관들이 직접 와서 데리고 나가야 한다고 말했어요. 그러자 그들이 로마 사람이라는 말을 듣고 두려워하여 그들을 데리고 나가 성에서 떠나라고 했습니다. 그후 두 사람은 옥에서 나와 형제들을 만나서 위로했어요.

하나님께서는 기적을 행하셨어요. 또한 감옥 안은 전도하기 힘든 곳이었지만 바울과 실라는 기도와 찬송으로 하나님께 의지하며 하나님을 높였어요. 하나님은 그것을 들으시고 바울과 실라는 물론 모든 죄수들의 묶인 것을 풀어주셨습니다.

[확인하기] 아래 장면을 성경 이야기 들은 내용의 순서에 맞게 번호를 매겨 봅시다.

3. 말씀살피기

1. 아래 단어들을 사용하여 오늘 배운 내용을 친구에게 이야기 해봅시다.

바울, 실라, 전도여행, 귀신들린 여종 , 세례
여종의 주인, 감옥, 지진, 간수, 구원, 주 예수

2. 바울은 간수를 전도하면서 어떤 말을 했나요? 길을 따라가며 문장의 순서대로 번호를 기록해보고 아래에 직접 써봅시다.

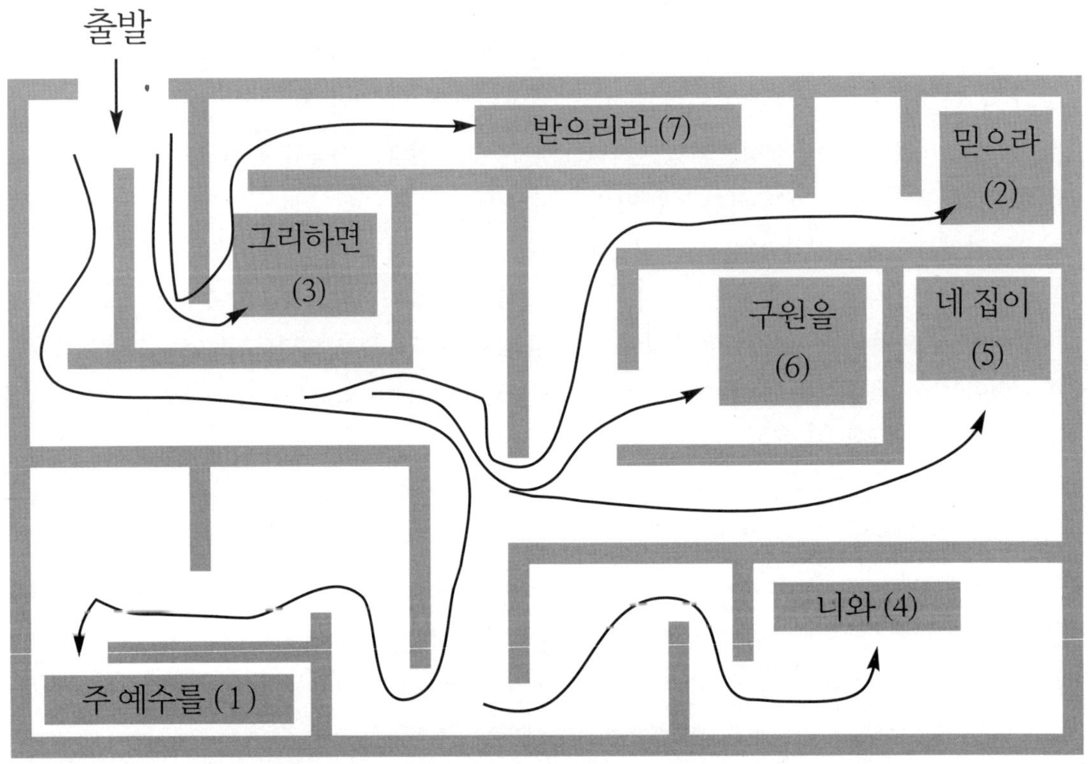

주 예수를 믿으라 그리하면 너와 네 집이
구원을 받으리라 (사도행전 16장 31절)

[말씀살피기 가이드]

[1번 문제] 바울과 실라는 옥에 갇히는 상황에서도 하나님께 기도하고 찬송했습니다. 감옥의 깊숙한 곳에서 착고에 묶인 채 오로지 하나님께만 의지하는 마음으로 그렇게 했을 것입니다. 그때, 놀라운 기적이 일어났습니다. 모든 묶인 것에서 해방되고 간수와 간수의 가족까지 전도하는 일이 일어납니다. 단어를 사용하여 오늘 배운 내용을 정리해보면서 어떠한 순간에서도 하나님을 의지하며 하나님께 도움을 구하고 늘 우리 곁에 계시는 하나님을 더 많은 사람들에게 전하는 친구들이 될 수 있도록 지도해주시길 바랍니다.

[2번 문제] 어떻게 하면 구원을 받을 수 있을지에 대한 간수의 물음에 바울은 "주 예수를 믿으라 그리하면 너와 네 집이 구원을 받으리라"고 말했습니다.
어떠한 설명보다 주 예수를 믿는 것에 대한 말을 했지요. 그만큼 우리는 거창한 설명이나 프로그램보다 예수 그리스도를 전하는 것이 가장 중요한 진리임을 알고 지도해야 합니다.

[참고자료]

주 예수를 믿으라!

바울은, 어떻게 하면 구원을 받을 수 있냐는 간수의 물음에 "주 예수를 믿으라"는 말로 시작하였습니다. 본문에서 모든 복음의 내용은 '주 예수 그리스도를 믿으라, 그리하면 너와 네 집에 구원을 얻으리라' 입니다.
즉 우리는 하나님의 중보자를 통해서 자신과 세상을 화해시키려는 방법을 인정해야 하며 우리에게 보냄을 받으신 예수 그리스도를 받아들여야 합니다.
이것이 구원을 받을 수 있는 유일한 길이며 우리가 이 길을 선택한다면 우리의 기대에 어긋나는 일은 결코 없을 것입니다. '그를 믿는 자는 구원을 받을 것이다'라는 말씀은 모든 피조물에게 선포되어야 할 복음인 것입니다.
이 말씀이 그의 가족에게까지 선포되어 그들이 예수 그리스도를 믿기만 하면 그들은 모두 구원을 받을 것이라는 점을 말씀을 통해서 확실히 알 수 있습니다.

{으쌰으쌰~활동해요}

아이들 각자 부르고 싶고 좋아하는 찬양은 다르겠지요. 아이들이 부르고 싶은 찬양을 적어보도록 한 뒤에 아이들이 적은 찬양 중 1, 2곡을 선정하여 함께 불러보면서 하나님을 찬송하는 시간을 가져보시는 것도 좋습니다.

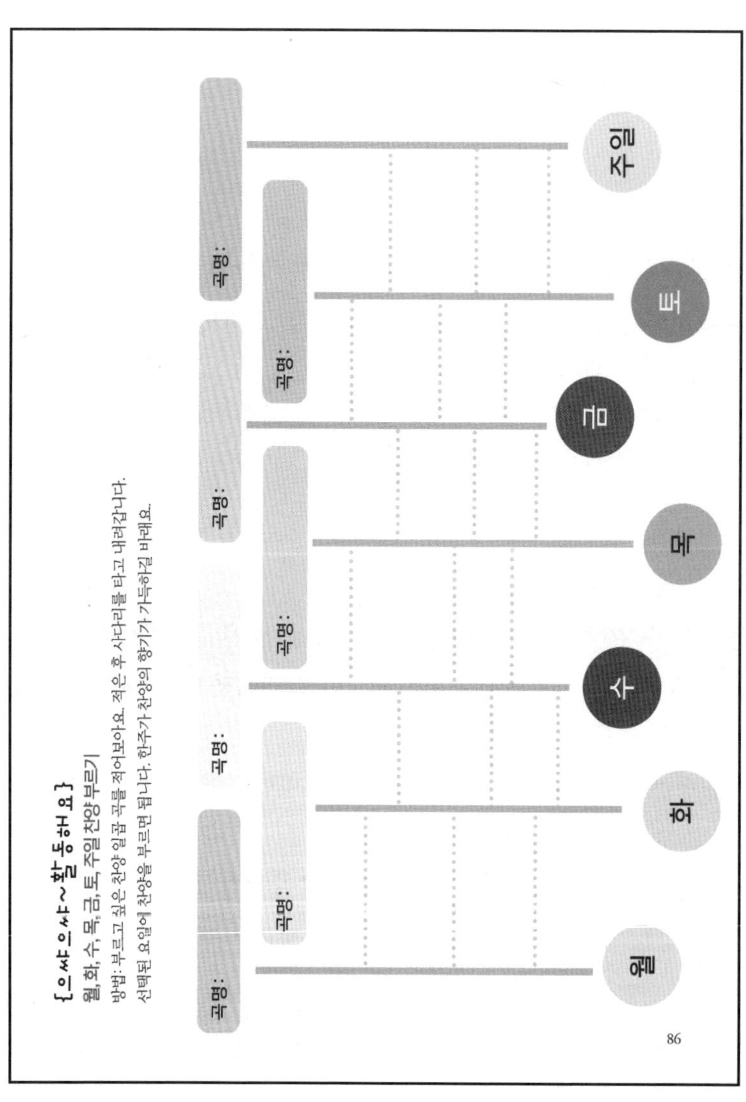

52과 알파와 오메가

1. **성경본문** | 요한계시록 1:1-8

2. **외울 말씀** | 주 하나님이 이르시되 나는 알파와 오메가라 이제도 있고 전에도 있었고 장차 올 자요 전능한 자라 하시더라 (요한계시록 1장 8절)

3. **리더들의 외침** | 알파와 오메가의 하나님을 기다려요

4. **공과 주제** |
   1. 요한은 하나님의 계시를 받아 기록을 남겼어요.
   2. 알파와 오메가의 하나님을 기다려요.

[공과 짜임새]

구분	시간	교사지침	준비물
1. 이야기 나누기	10분	예수님을 만나면 하고 싶은 말 생각해보기	성경책 필기도구
2. 성경이야기 들려주세요	10분	하나님의 계시를 받아 하나님의 말씀을 기록한 요한에 대해 알아보기	
3. 말씀살피기	10분	알파와 오메가에 대해 살펴보기	
4. 활동하기	10분	공과를 마무리하며 소감적기	

[이렇게 시작하세요]

친구사이에서 오랫동안 친한 친구로 남는 이유는 서로 잘 맞아서 입니다. 하지만 서로에 대한 한결같은 마음이 사라진다면 친구는 곧 떠나게 되고 잃게 되겠지요.
그러나 하나님은 언제나 동일하신 분이십니다. 처음 시작도 마지막도 동일하십니다.
모든 것에는 처음과 마지막이 있습니다. 우리는 학년이 올라가고 나이가 들어가면서 공부를 마칠 때가 올 것입니다. 또한 마지막 인생을 다하는 날도 올 것입니다. 하지만 성경은 우리 육신의 죽음이 끝이 아님을 분명히 말하고 있습니다.
그렇습니다. 이 세상도 처음과 마지막이 있습니다. 이 세상의 처음은 어땠을까요?
하나님께서는 아무것도 없는 상태에서 모든 것을 창조하셨습니다.
그렇다면 이 세상의 마지막은 누가 관여하실까요? 바로 예수님께서 관여하십니다. 다시 오시는 예수님을 기대하는 소망을 가지고 신앙생활을 할 수 있도록 지도해주세요.
예수님의 재림이나 종말을 잘못 오해해서 두려움으로 인식하지 않도록 이야기해주시고, 아이들이 시작과 끝의 의미를 잘 이해할 수 있도록 함께 기도로 준비해주시길 바랍니다.
또한 다시 오실 예수님을 기쁨으로 소망하며 신앙생활 해야 한다는 사실을 알려주세요.

1. 이야기 나누기

다시 오실 예수님을 만난다면 제일 먼저 하고 싶은 말은 무엇인가요?

가이드)

우리가 사랑하고 사모하는 예수님을 다시 만난다면! 상상만 해도 설레고 가슴 벅찬 일입니다. 우리는 예수님을 만나면 가장 먼저 무슨 말을 하고 싶을까요? 그동안 억울하고 힘들었던 이야기를 할 수도 있겠고 예수님을 사랑하는 마음을 마음껏 표현해볼 수도 있겠습니다. 아니면 그동안 예수님에 대해 궁금했던 것들을 물어보고 싶을 수도 있겠지요.
우리 아이들이 각자 예수님을 다시 만난다는 기쁨과 설렘을 가지고 다양하게 생각해볼 수 있도록 충분한 시간을 주시고 이후에 함께 자신의 생각을 나눠보면서 다시 오실 주님을 기대하며 기다리는 마음을 가지고 또한 우리는 어떠한 모습으로 예수님을 기다려야 할지도 생각해보도록 인도해주시면 좋습니다.

2. 성경이야기 들려주세요

요한계시록은 요한이 '밧모'라는 섬에서 하나님의 계시를 받고 기록한 성경말씀이에요. 요한은 이곳에서 18개월 동안이나 머무르면서 하나님의 말씀을 기록했어요.

예수님께서는 유대인들에 의해 십자가에 못 박혀 돌아가시고 3일 만에 부활하셨어요. 그리고 제자들, 사람들과 함께 하시다가 제자들에게 땅 끝까지 복음을 전할 것을 강조하시며 다시 하늘로 올리셨어요. 그리고 우리가 언제인지 알지는 못하지만 예수님께서는 반드시 올라가셨던 그 모습 그대로 우리에게 다시 온다고 하셨어요. 때가 가깝다는 것은 예수님께서 곧 오신다는 의미에요. 오늘 본문 7절을 보면 알 수 있어요. 예수 그리스도께서는 구름을 타고 오시는데 모든 사람이 그를 볼 것이며, 땅에 있는 모든 사람들이 예수님으로 인해 슬피 울 것이라고 하셨어요. 예수님은 하늘로 다시 올라가시면서 꼭 다시 온다고 하셨어요. 하지만 그날이 언제가 될지는 아무도 몰라요. 그래서 우리는 항상 예수님이 오신다는 것을 기억하며 살아가야 해요.

이 세상을 창조하신 이도 하나님(예수님) 한분이시기 때문에 마지막에 세상을 끝내시는 분도 하나님이세요. 하나님은 시작과 마침이기 때문이에요. 바로 그 증거가 하나님의 말씀 안에 있어요. 오늘 본문 8절에 하나님께서 이렇게 말씀하셨어요. "주 하나님이 이르시되 나는 알파와 오메가라 이제도 있고 전에도 있었고 장차 올 자요 전능한 자라 하시더라." 알파와 오메가는 신약시대에 사용했던 언어인 헬라어의 처음과 마지막 알파벳이에요. 즉, 첫 번째 알파벳은 알파라고 읽고, 마지막 알파벳은 오메가라고 읽어요. 그래서 처음에도 계시고 마지막에도 계실 하나님을 '알파와 오메가'라고 하는 거예요. 하나님께서는 요한에게 천사를 보내어 이 사실을 말씀하셨어요. 그래서 요한은 보고 들은 대로 기록을 남겨서 이렇게 많은 사람들이 알도록 한 거예요.

이 세상을 누가 창조하셨나요? 하나님이세요. 그래서 모든 것의 시작은 하나님이죠. 그렇다면 이 세상의 마지막을 만드실 분도 당연히 시작하신 분이겠죠. 하나님은 시작과 마침, 처음과 마지막, 바로 알파와 오메가의 하나님이에요. 그렇다면 이제 우리는 마침의 하나님을 기대하는 자세를 가져야 해요. 예수님께서 구름타시고 오실 때에 그를 박해한 자들은 물론 땅에 있는 모든 사람들이 예수님을 볼 거예요. 또한, 하나님께서는 전에도, 지금도 계시고 앞으로 오실 전능한 분이라는 이 말씀은 변함이 없고, 우리는 늘 이 말씀을 기억하며 다시 오실 예수님을 기대하며 하나님의 자녀로 살아가야 해요. 그때가 언제인지는 아무도 알 수 없지만 그때가 빠르게 올 것이라고 해요. 요한계시록 마지막 장인 22장 20절 말씀에 "이것들을 증언하신 이가 이르시되 내가 진실로 속히 오리라 하시거늘 아멘 주 예수여 오시옵소서" 라고 기록되어 있어요. 그러므로 언제나 이 말씀을 마음에 새기며 지키는 하나님의 자녀가 되어요.

[확인하기] 아래 장면을 성경 이야기 들은 내용의 순서에 맞게 번호를 매겨 봅시다.

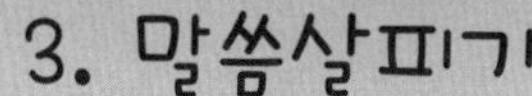

3. 말씀살피기

1. 예수님이 이 세상에 다시 오실 때, 모든 사람이 예수님을 볼 것이라고 했어요.
   다시 오시는 예수님을 볼 때 제일 먼저 어떤 이야기를 하고 싶은지 말풍선을 채워봅시다.

2. 다음은 헬라어 알파벳입니다. 명칭과 뜻을 따라쓰고 이것에 빗대어 하나님을 어떻게 설명하는지 써보세요.

Λ 알파　　　Ω 오메가

알파와 오메가는 헬라어 알파벳 첫 글자와 마지막 글자로

하나님은 _처음_ 과 _마지막_ 되시는 하나님이시라는 뜻이다.

[말씀 살피기 가이드]

[1번 문제] 예수님께서 이 세상에 다시 오실 때, 과연 나는 어떤 모습일까요? 또한 나는 예수님께 어떤 말을 제일 먼저 하게 될까요? 함께 다시 오실 예수님을 생각해보면서 자유롭게 자신의 생각을 적어보도록 합시다. 아이들마다 다양한 생각을 할 수는 있지만 장난치며 이 문제를 가볍게 생각하지는 않도록 지도해주세요. 모두 작성한 후에는 함께 나눠보면서 다시 오실 예수님을 소망하는 시간이 되길 바랍니다.

[2번 문제] 헬라어 알파벳의 시작인 알파와 마지막 알파벳 오메가를 합하여 하나님을 표현할 때 알파와 오메가의 하나님이라고 합니다. 그것은 하나님께서 하신 말씀이며 요한계시록에 기록되어 있습니다(계1:8;21:6;22:13).

알파 [alpha]는 그리스어 자모의 첫째 글자입니다. 대문자 A, 소문자 α로 표기하며 영어의 A, a에 해당합니다. 오메가 [omega] 는 헬라어 알파벳에서 마지막 문자(Ω). 성경에서 이 말은 최종적이라는 뜻 외에 모든 것을 다 포함한다는 의미로도 쓰였습니다(계 1:8, 21:6; 22:13).

[참고자료]

계시를 대하는 사람들에 대한 축복

요한은 이 계시의 말씀을 읽는 자들과 듣는 자들, 또한 그 가운데 기록한 것들을 지키는 자들에게 복이 있을 것이라고 말합니다. 그 이유는 때가 가깝기 때문입니다. 이러한 축복은 우리가 계시록에 기록된 말씀을 연구하도록 격려해주며 또한 이 예언의 말씀을 깊이 연구하며 충실히 행하면 장차 임하는 마지막 때를 잘 준비할 수 있게 될 것입니다.
한편 이러한 축복은 반드시 요한계시록에만 해당되는 것이라기보다는 모든 말씀으로 확대된다고 볼 수 있습니다. 하나님께서는 우리 성도들이 마지막 때가 가까울수록 더욱 더 말씀을 읽고 들으며 충실하게 지키는 삶을 원하십니다.
마지막 때에 구름타고 오시는 예수님을 바라보며 슬피 우는 사람이 아니라, 기쁨으로 화답하며 기쁨의 눈물을 흘리는 하나님의 백성이 될 수 있도록 깨어 기도하며 그날을 기대해야 합니다. 그러한 삶이야말로 우리들에게 한없는 축복이 될 것입니다.

{으쌰으쌰~활동해요}

그동안 함께 성경말씀을 배우며 들었던 생각과 소감을 적어보면서 함께 격려하고 칭찬하는 시간을 가져보시길 바랍니다. 여기까지 함께 달려온 친구들과 선생님 모두 수고하셨습니다!

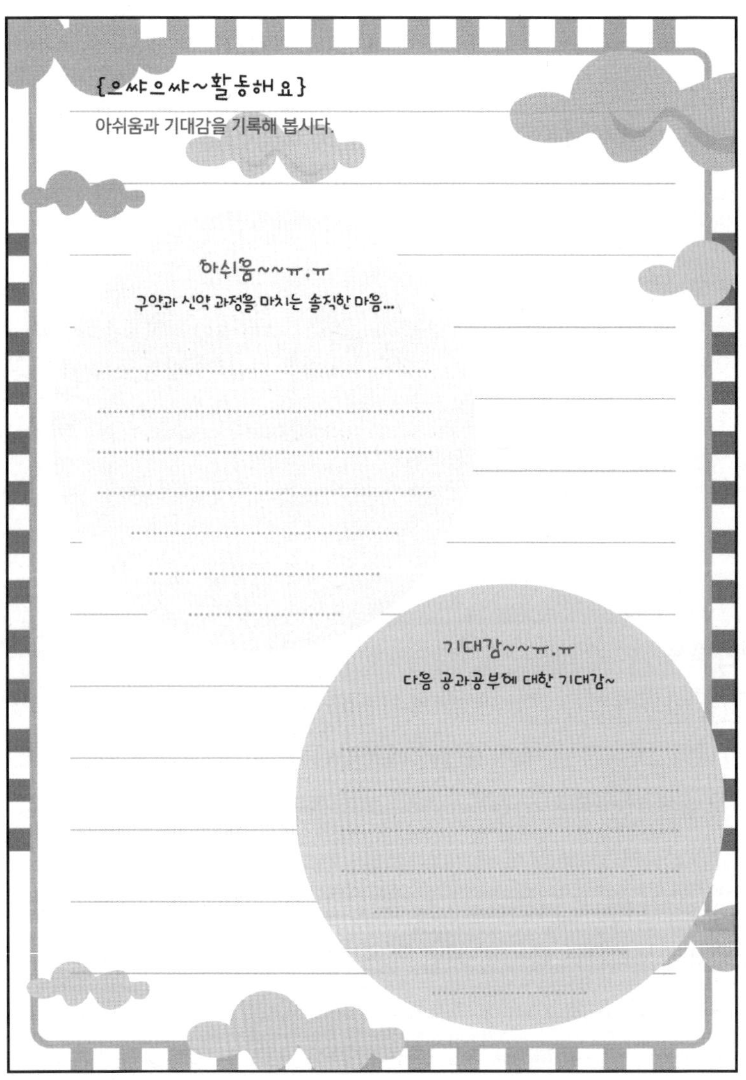